“十二五”普通高等教育本科国家级规划教材
国家精品课程配套教材

JICHU KUAIJIXUE ZONGHE MONI SHIXUN

基础会计学综合模拟实训

（第五版）

主　编　李占国　周　萍
副主编　王子军　曹　宁

中国教育出版传媒集团
高等教育出版社·北京

内容提要

本书是“十二五”普通高等教育本科国家级规划教材、国家级精品课程“基础会计学”配套实训教材的修订版。全书共分6章，分别为：绪论、会计档案的整理与保管、经济业务对应原始凭证的文字表述及账务处理要求与提示、日常经济业务的账务处理及原始凭证、产品成本计算及期末经济业务的账务处理及原始凭证和编制财务报表。本书可与《基础会计学》（第五版）（李占国主编，高等教育出版社）配套使用。本书既可作为高等学校经管类专业教学用书，也可作为广大财会人员培训用书。

图书在版编目（CIP）数据

基础会计学综合模拟实训 / 李占国，周萍主编. —5版. —北京：高等教育出版社，2023.7（2024.2重印）
ISBN 978-7-04-060367-5

Ⅰ.①基… Ⅱ.①李… ②周… Ⅲ.①会计学—高等学校—教学参考资料 Ⅳ.①F230

中国国家版本馆CIP数据核字（2023）第100705号

策划编辑 刘悦珍　责任编辑 金　越　封面设计 张文豪　责任印制 高忠富

出版发行	高等教育出版社	网　　址	http://www.hep.edu.cn
社　　址	北京市西城区德外大街4号		http://www.hep.com.cn
邮政编码	100120	网上订购	http://www.hepmall.com.cn
印　　刷	上海盛通时代印刷有限公司		http://www.hepmall.com
开　　本	889 mm×1194 mm　1/16		http://www.hepmall.cn
印　　张	20.5	版　　次	2023年7月第5版
字　　数	357千字		2010年8月第1版
购书热线	010-58581118	印　　次	2024年2月第3次印刷
咨询电话	400-810-0598	定　　价	58.00元

本书如有缺页、倒页、脱页等质量问题，请到所购图书销售部门联系调换

物 料 号　60367-00

教师教学资源服务指南

关注微信公众号“**高教财经教学研究**”，可浏览云书展了解最新经管教材信息、下载教学资源、申请教师样书、下载试卷、观看师资培训课程和直播录像等。

下载教学资源

电脑端进入公众号点击导航栏中的“教学服务”，点击子菜单中的“资源下载”，或浏览器输入网址链接http://101.35.126.6/，注册登录后可搜索相应资源并下载。

申请教师样书

点击导航栏中的“教学服务”，点击子菜单中的“云书展”，了解最新教材信息及申请样书。

下载试卷

高教财经教学研究公众号目前提供基础会计学、中级财务会计、财务管理、管理会计、审计学、税法、税收筹划、税务会计课程试卷下载。点击导航栏中的“教学服务”，点击子菜单中的“免费试卷”，下载试卷。

观看教师培训课程

高教财经教学研究公众号上线了名师谈“中级财务会计教学”“高级财务会计教学”“财务报表分析教学”“管理会计教学”“审计学教学”，以及“智能投资在线课程”“Python量化投资在线课程”等课程。点击导航栏中的“教师培训”，点击子菜单中的“培训课程”即可观看教师培训课程和“名师谈教学与科研直播讲堂”的录像。

联系我们

联系电话：（021）56718921
高教社本科会计教师论坛QQ群：116280562

第五版前言

《基础会计学综合模拟实训》作为**“十二五”普通高等教育本科国家级规划教材**，自2010年8月面世以来，以其编写体例、版式设计和编写风格，开创了会计实训教材编写的先河，得到了广大读者的认可和好评。2019年以来，会计准则及税收法规发生了许多变化，对会计实验教学产生了诸多影响。本次修订除秉承第四版的编写风格和基本内容外，主要进行了以下几个方面的修订：

第一，培根铸魂立德树人，加强课程思政建设。结合专业特点与教材内容：以“会计论道”栏目：❶ 穿插**“砌墙工人的命运”“自己建造的房子”“贪婪的猴子”**等多个趣味性小故事，通过**“教授寄语”画龙点睛并传递积极的人生观和价值观**；❷ 以二维码的形式，搜集整理新闻报道上市公司财务造假等反面案例视频；潜移默化地培养学生的专业诚信意识、职业精神和工匠精神，以及法治意识与风险防范意识。

第二，增值税纸质发票和电子发票更新为“全电发票”。❶“数电票”就是全面数字化电子发票，是由税务局为实现发票全领域、全环节、全要素电子化的目的推行的一种以过去的电子发票为基础的发票形式。❷“数电票”是一种全新的票种，没有联次，只有一联；没有代码，只有具有唯一性的号码，如同身份证号一样；购货方信息栏变得更简洁，只有名称和税号，没有银行账号和地址；无需使用税控专用设备，无需办理发票票种核定，无需领用数电票，使用电子发票服务平台即可开票。❸ 自2022年4月1日起，在广东省（不含深圳）、上海市、内蒙古自治区和四川省的部分纳税人中开展全电发票试点，自2022年8月28日起全国都可以接收“全电发票”。

第三，按照最新会计准则，职工福利支出与分配同时进行。职工福利由原来按照工资总额的14%计提并计入有关资产成本和期间损益，改为用于职工的各种福利费支出，在借记“应付职工薪酬——职工福利”账户、贷记“银行存款”等账户的同时，根据受益对象和比例分配计入有关资产成本和期间费用，借记“生产成本”等成本费用类账户，贷记“应付职工薪酬——职工福利”账户。

第四，按照会计实务，更新银行结算方式。将大多数实际工作中不常用的“委托收款”“转账支票”等银行结算方式，更新为**“企业网银”**结算方式。

第五，减少业务笔数，降低业务难度。❶ 由第四版的75笔业务减少为71笔业务；❷ 将费用结算期与月度会计期间不一致的水电费，由虚设“其他应付款”账户进行过渡，改为在直接支付时按照受益对象与比例进行分配并计入有关资产成本和期间费用。

第六，加强立体化教学资源建设，内容丰富便教利学。为保证教学活动的顺利开展，本教材配套了丰富的教学资源：❶ 包括参考答案、PPT课件等教学资源；❷ 依托出版社二维码平台，开发了便于教师讲授和有利于学生自主学习的“会计政策”“会计记账技术”“会计微课视频”“传统文化”“课程思政”等多种形式的教学资源。

通过本书的学习，学生可以快速、全面地活学活用基础会计学的基本知识：❶ 增强感性认识，包括：**认识“账为何物”，明确“账从何来”、清楚**

“账有何用”；❷ 从整体上把握各种核算方法之间的联系，达到进一步提高学生的会计综合职业能力的目的；❸ 培养学生对会计工作的“三心”（耐心、细心、责任心）并强化其会计“专业意识”；❹ 为“中级财务会计”等后续专业课程的顺利学习和将来从事会计工作奠定坚实的基础。

本次修订由上海电机学院李占国教授、周萍副教授任主编、王子军副教授、曹宁副教授任副主编。教材编写是一项非常具体和细致的工作，尤其是会计模拟实验教材涉及大量的、前后连贯并具有勾稽关系的数据，其中的艰辛和工作量之大是可想而知的。尽管我们付出了极大努力，但书中难免有不妥之处，恳请读者批评指正。

作　者

2023 年 6 月

第一版前言

会计作为一项管理活动，其基础工作是会计核算工作，而会计核算工作又是一项非常具体和细致的工作。从书中或课堂教学中获得了会计核算知识，并不意味着完全具备了实际会计核算工作的技能，这与会计实务操作还有一定的距离，因此，加强会计实训教学就显得非常重要。为了增强学生对会计工作的感性认识，提高学生的会计实务操作能力，培养学生对会计工作的耐心、细心和责任心，解决学生到企业单位实习的困难，进行会计模拟实训就成为"基础会计学"课程教学工作中不可或缺的环节。

本书是上海市特色专业本科重点课程建设项目成果，也是《基础会计学》(2010年版，高等教育出版社)的延伸。本书为学生设置了一个将"会计学基础理论与实务操作相互融合"的模拟情景，要求学生通过手工操作完成模拟情景中经济业务的会计处理。一是可以巩固会计学基础理论知识，加深对会计核算流程各环节和作为一个"会计循环"整体的理解；二是让学生掌握会计学基础基本操作技能，进一步提高学生分析问题和解决问题的综合能力；三是培养学生对会计工作的耐心、细心和责任心，强化财务会计专业的"专业意识"，为后续课程"财务会计学"或"中级财务会计"的学习打基础。

本书特色如下：

(1) 本书模拟了一个经济业务比较简单的企业，以适量的、不同类别的、较为典型的经济业务，按照会计核算程序进行系统地综合。包括：建账(开设账簿体系)、期初数据过账；依据本期所模拟经济业务的载体(原始凭证)填制和审核记账凭证，依据审核后的记账凭证登记日记账、各类明细账和总账，编制出会计报表的全过程，到完成一个会计循环为止。它有助于学生完整地了解和掌握《基础会计学》教材的内容及各章节之间的联系，加深对会计循环的理解，从而达到初步掌握会计核算基本操作技能的目的。

(2) 本书会计凭证采用单面印刷和裂线装订形式，便于学生实际操作。

(3) 本书提供的会计凭证多数详细介绍了与之对应的实际工作中该账表的来源、用途、填写要求或提示，便于教与学。

(4) 本书除另配有教学课件(PPT)外，还另配有真实的账簿格式、手工书写的标准答案，方便教师上课。

本书由李占国、杨德利任主编，孙红、刘爱香、陈瑛、陈淑贤任副主编。主编负责全书的设计、总纂、修改和最终定稿。具体编写分工如下：第一章由杨德利编写；第二章由孙红编写；第三章由刘爱香编写；第四章由陈瑛编写；第五章由陈淑贤编写；第六章由李占国编写。本书凝聚了2005年"基础会计学"国家级精品课程建设小组的集体智慧。在此，对同仁们的辛勤劳动和大力支持表示诚挚的感谢！

尽管我们反复斟酌并数易其稿，但由于作者水平所限，不当之处在所难免，恳请读者批评指正。

作　者

2010年1月

目　　录

二维码资源导航

编号	资源类型	资源标题	页码/位置
1	会计方法	手工穿线凭证装订方法(视频)	12
2		热熔一体机凭证装订法(视频)	13
3		甲式账登记方法	明细账封面
4		乙式账登记方法	明细账封面
5		多栏式明细账登记	明细账封面
6		结算类明细账结账方法	明细账封面
7		损益类明细账的结账方法	明细账封面
8		现金日记账的登记方法	日记账封面
9		银行存款日记账结账方法	日记账封面
10		会计记账小写金额书写规范	日记账封面
11		划线更正法	日记账封面
12		红字更正法1	日记账封面
13		红字更正法2	日记账封面
14		补充登记法	日记账封面
15		总分类账的登记——逐笔登记法	总分类账封面
16		总分类账的登记——汇总登记法	总分类账封面
17		总分类账结账方法	总分类账封面
18	会计政策	小型微利企业判定标准	2
19		小型微利企业所得税优惠	2
20		增值税税率变化及“营改增”历程	4
21		全面深化增值税改革	4
22		细说“六税两费”减征的政策规定	4
23		小微企业所得税优惠咋享受	4
24		购进国内旅客运输服务进项税抵扣	17
25		企业所得税优惠政策解读	24
26	课程思政案例	东芝公司亏损造假,昔日500强跌落神坛	2
27		与华尔街狼共舞,小米上市艰难历程	11
28		左右倒手关联交易,青岛华光被处罚	14
29		零容忍全覆盖、严惩资本大鳄	25
30		内部控制缺失,蚂蚁搬家挪用公款600万元	明细账封底
31		中联重科收购迷局,关联交易业绩诡异	日记账封底
32		粉饰报表伪造单据,华锐风电“吃”顶格罚单	总分类账封底
33		谎言连环套中套,物流账单露出马脚	会计报表封底

第一章　绪　论

一、基础会计学综合模拟实训的意义

基础会计学综合模拟实训，是高等院校会计学和财务管理专业学生职业能力培养的一个技能训练环节，既是基础会计学理论教学的必要补充，又是后续专业课程理论教学及模拟实验的基础。学生在学完“基础会计学”课程后，应进行一次较为完整、系统的会计核算的实际操作。

作为会计职业能力培养的一项技能实操，本书整合了食品生产企业典型的经济业务，按照会计核算程序，从建账开始，经过填制和审核原始凭证及记账凭证、登记明细账和总账，最后编制会计报表，完成一个会计循环。通过模拟实训，学生应能够：❶ 系统地掌握《基础会计学》教材各章节之间的联系，加深对会计循环的理解。❷ 掌握会计操作的基本技能，锻炼实际工作能力。❸ 培养良好的工作作风和职业素养。

二、基础会计学综合模拟实训的内容

本书以反映企业会计工作的全过程为框架，按照会计核算的流程和环节，设计若干个对经济业务进行账务处理的手工实操项目，构成了基础会计学综合模拟实训的内容。

(1) **认识企业及会计工作**。包括：了解企业基本情况、企业内部会计制度、会计工作组织方式。

(2) **建账**。包括：熟悉建账流程、建立账簿文件、设置会计科目、登记期初金额。

(3) **日常经济业务处理**。包括：银行短期借款、存货采购及付款、固定资产和无形资产购进及付款、一般销售及应收款项的核算等。

(4) **费用的归集分配与成本核算**。包括：材料费用、职工薪酬、折旧费用、水电费用等成本费用的归集与分配以及产品成本的计算。

(5) **期末经济业务的处理**。包括：计提费用、计算结转本月应交的各种税费、信用减值准备、资产减值准备的处理、结转损益、计算利润和利润分配、期末进行试算平衡和对账、结账。

(6) **会计报表的编制**。包括：编制资产负债表、利润表。

(7) **会计档案的归档与保管**。包括：会计凭证的装订及保管，会计账簿及会计报表的装订与保管。

三、模拟实训企业概况

(1) **企业名称、法定代表人、地址及电话**：东海市童莉食品公司；药童莉；东海市建设路 58 号，34560789。

(2) **注册资金**：人民币叁仟万元整。其中：**港城投资公司、海虹机械公司分别占股 60%和 40%。**

(3) **开户银行及账号**：中国工商银行东海市支行（简称“工行东支”），23004500670089。

(4) **银行预留印鉴及发票专用章**：开户银行对企业签发票据所盖印鉴进行比对的依据包括公章、法人代表名章、财务专用章、财务负责人名章。“企业营业执照（副本）”如图 1－1 所示；“企业预留银行印鉴卡”如图 1－2 所示。

营业执照

（副 本）

统一社会信用代码 91310020124321010A

证照编号 15000000201602230798

名　　称　东海市童莉食品公司

类　　型　有限责任公司(国内合资)

住　　所　东海市建设路58号

法定代表人　药童莉

注册资本　人民币3000.0000万元整

成立日期　2014年2月23日

营业期限　2014年2月23日至2034年2月22日

经营范围　从事食品生产与销售。

【依法须经批准的项目，经相关部门批准后方可开展经营活动】

登记机关

2016年02月23日

企业信用信息公示系统网址：https://www.gsxt.gov.cn/notice　　中华人民共和国国家工商行政管理总局监制

图 1－1　企业营业执照(副本)

小型微利企业判定标准

小型微利企业所得税优惠

东芝公司亏损造假，昔日500强跌落神坛

会计论道

砌墙工人的命运——要有做财务总监(CFO)的抱负

三个工人在砌一堵墙。有人过来问："你们在干什么？"第一个人没好气地说："没看见吗？砌墙。"第二个人抬头笑了笑，说："我们在盖一幢高楼。"第三个人边干边哼着歌曲，他的笑容很灿烂："我们正在建设一个新城市。"10年后，第一个人在另一个工地上砌墙；第二个人坐在办公室中画图纸，他成了工程师；第三个人呢，是前两个人的老板。

教授寄语：性格决定命运，态度决定高度。你手头的小工作其实正是大事业的开始，能否意识到这一点意味着你能否做成一项大事业。

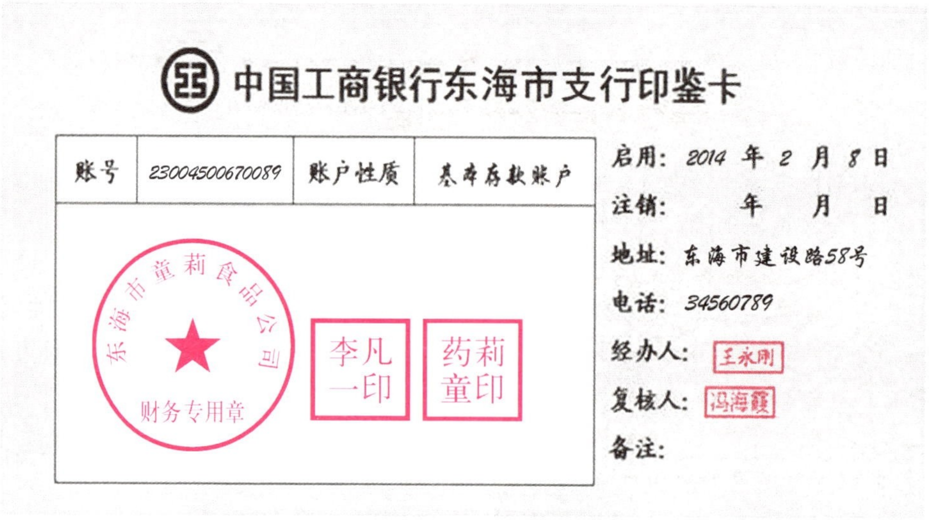

中国工商银行东海市支行印鉴卡

账号	23004500670089	账户性质	基本存款账户

启用：2014 年 2 月 8 日

注销：　　年　　月　　日

地址：东海市建设路58号

电话：34560789

经办人：王永刚

复核人：冯海霞

备注：

图 1－2　企业预留银行印鉴卡

四、模拟实训企业会计核算制度

（一）会计核算形式及凭证账簿组织

1. 会计核算形式

采用科目汇总表账务处理程序，每半个月编制一次科目汇总表并据以登记总账，明细账根据原始凭证和记账凭证逐笔登记。

2. 记账凭证种类

使用复式记账凭证，分收款凭证、付款凭证和转账凭证三种类型。记账凭证按月、按类别连续编号。

3. 开设账簿及格式

开设库存现金日记账、银行存款日记账、总账、明细账。总账和日记账均采用三栏式，明细账根据需要分别选用甲式、乙式和多栏式。

（二）存货核算制度与方法

1. 原材料、库存商品明细核算

❶ 原材料、库存商品明细核算采用账卡合一方式，即在仓库设置一套“原材料”明细账和“库存商品”明细账。❷ 平时由仓库保管员根据收料单（简称“收”字）、领料单（简称“领”字）、产品入库单（简称“入”字）、产品出库单（简称“出”字）的仓库联登记收发数量。❸ 记账会计每月月末核对收发数量并进行计价。

2. 原材料、库存商品收发的计价

原材料、库存商品的收发均按实际成本计价：❶ 发出单价按全月一次加权平均法计算。❷ 月末一次加权平均单价尾差计入结存金额。

3. “原材料”明细账的登记方法

❶ “原材料”明细账的“收入”栏根据“收料单”（仓库联）登记数量、单价和金额（本教材为节省篇幅只给出财务联，可用财务联替代仓库联，一联两用）。❷ “原材料”明细账的“发出”栏，平时根据“领料单”登记发出数量，并将“领料单”妥善保管。❸ 月末由材料会计根据各材料明细账月初结存数量和金额、本月收入数量和金额，按全月一次加权平均法计算发出材料的单价，用该单价乘以本月领用数量的合计，得出发出材料的金额并登记入账。❹ 月末根据“领料单”分品种、用途或部门汇总领用数量，再乘以加权平均单价，编制“发料凭证汇总表”。

4. “库存商品”明细账的登记方法

❶ “库存商品”明细账的“收入”栏，平时根据“产品入库单”（财务联替代仓库联）登记收入数量，并将“产品入库单”妥善保管。❷ 月末根据“库存商品”明细账中结出的入库数量及“生产成本明细账”中的总成本和单位成本，编制“产品成本计算表”。❸ 根据该产品成本计算表登记“库存商品”明细账月末的本月合计行、“收入”栏（或“借方”栏）的单价和金额。❹ “库存商品”明细账的“发出”栏，平时根据“产品出库单”登记发出数量。❺ 月末根据各库存商品明细账月初结存数量和金额、本月收入数量和金额，按“月末一次加权平均法”计算发出产品的单价，用该单价乘以发出数量合计，登记“库存商品”明细账的“发出”栏的单价和金额。❻ 根据“库存商品”明细账的“发出”栏，编制“主营业务成本计算表”。

（三）固定资产的核算

1. 固定资产的分类

固定资产分为“机器设备类”和“房屋建筑类”两大类并按此分类设置二级明细账。

2. 固定资产折旧方法与折旧率

固定资产采用平均年限法分类计提折旧。其中,车间生产设备的月折旧率为0.8%,车间房屋的月折旧率为0.4%,管理用设备的月折旧率为0.6%,管理用房屋的月折旧率为0.2%。

3. 固定资产修理费用

按现行企业会计准则规定,应予以费用化的固定资产的修理费用一律计入管理费用。

(四)费用与成本

1. 职工福利

❶ 用于职工的各种福利费支出,在借记“应付职工薪酬——职工福利”账户,贷记“银行存款”等账户的同时,根据受益对象和比例分配计入有关资产成本和期间费用,借记“生产成本”等成本费用类账户,贷记“应付职工薪酬——职工福利”账户。❷全年用于职工的各种福利费支出,超过全年工资总额14%的部分,应调增应税所得额,缴纳企业所得税。

2. 费用分类与成本计算方法

❶ 费用按照经济用途进行分类,其中:直接材料、直接人工和制造费用计入产品成本,其余费用计入期间费用。❷ 采用品种法计算产品成本。❸ 由于食品生产行业的特点,月末无在产品或在产品较少,为简化核算,假设月末在产品成本为零。❹ 制造费用按生产工人工资比例进行分配。

增值税税率变化及“营改增”历程

(五)税金及附加

(1)增值税。公司销售各种产品应缴纳增值税,适用的增值税税率为13%,增值税按期预缴(每月15日预缴一次),次月10日以前缴清。

(2)城市维护建设税、教育费附加及地方教育附加。分别按照应纳增值税的7%、3%和1%计算并按月缴纳,次月10日以前缴清。

全面深化增值税改革

(3)企业所得税。企业所得税的计税依据为应纳税所得额,本书假定会计所得额(利润总额)等于应纳税所得额(不需要进行任何纳税调整),适用的所得税税率为25%,企业所得税按年计算、按月预计并按月预交、年终汇算清缴。

(六)坏账准备的计提

年末对应收账款的坏账损失进行估计,并采用“应收账款余额百分比法”调整坏账准备余额。坏账准备的计提比例为应收账款余额的3%。

细说“六税两费”减征的政策规定

(七)损益类账户采用“账结法”

❶ 每月月末将各损益类账户余额(包括“所得税费用”账户)转入“本年利润”账户,“本年利润”账户各月末余额,即截至各月末实现的累计净利润总额(已扣除预计所得税费用)。❷ 同时,对损益类账户所属明细账进行年度结账(即“本年累计”),参见范例“营业外支出”明细账的年度结账。❸ 损益类账户所属明细账1—11月累计发生额,已在本教材提供的明细账账页中给出。

小微企业所得税优惠咋享受

(八)利润分配

(1)法定盈余公积。年末按照当期税后利润的10%计提法定盈余公积。

（2）**向投资者分红**。年末根据董事会决定的分配额按投资比例进行利润分配。

五、模拟实训岗位设置及各岗位职责

为使每一位学生都能够将实训内容亲自操作一遍，并理解会计岗位的内部牵制原则，对学生进行分组。结合实训操作工作量的大小及每位学生工作量应均衡的要求，各小组成员应进行合理分工。模拟实训企业财务科设置3个岗位(3人)：❶ 会计主管(兼审核与制单)。❷ 记账会计(登记总账和部分明细账)。❸ 出纳(兼记除债权、债务结算类账户外的部分明细账)。

(一)会计主管(兼审核与制单)的岗位职责

❶ 审核原始凭证并根据原始凭证编制记账凭证，同时在记账凭证的“制单”处签名或盖章。❷ 根据业务顺序将原始凭证粘贴在记账凭证的后面(注意粘贴时原始凭证应与记账凭证左对齐、上对齐)。❸ 每半个月，填制完记账凭证后，应对所填制的记账凭证进行汇总并编制“科目汇总表”。

(二)记账会计(登记总账和部分明细账)的岗位职责

❶ 根据记账凭证登记有关明细账。❷ 根据原材料“领料单”登记“原材料明细账”的发出数量栏并结出结存数量。❸ 完成登账工作后，在记账凭证的“过账”栏内注明过账符号“√”，并在记账凭证的“记账”处签章。❹ 根据“科目汇总表”登记总账，并在明细账的“√”(总账)栏打勾。

(三)出纳(兼记除债权、债务结算类账户外的部分明细账)的岗位职责

❶ 根据记账凭证(收款凭证、付款凭证)登记库存现金日记账和银行存款日记账。❷ 根据原始凭证中的“产品入库单”和“产品出库单”登记“库存商品明细账”的收入数量栏和发出数量栏并结出结存数量栏。❸ 完成登账工作后，在记账凭证的“过账”栏内注明过账符号，并在记账凭证的“出纳”处签名或盖章。需要特别注意的是：出纳人员不得兼任稽核、会计档案保管和收入、支出、费用、债权债务账目的登记工作。

六、基础会计学综合模拟实训初始建账

(一)建账流程

将本书附录给出的空白账页及账皮(牛皮纸)沿书脊左(上)侧的撕裁线撕下，并按照以下流程进行建账。**第一步**：预备账页，装订成册。包括：❶ 准备各种账簿(订本式)。❷ 预备有关账页(活页式、卡片式)。❸ 使用账夹装置成册。**第二步**：填写“账簿启用表”。包括：❶ 在“账簿启用表”上填写单位名称、账簿名称、册数、编号、起止页数、启用日期、记账人员和会计主管人员姓名等。❷ 会计人员变动时，应注明交接日期、交接人员及监交人员姓名，并由交接双方签名或盖章，以明确责任。**第三步**：建立账户。包括：❶ 建立总账账户。❷ 建立二、三级明细账户。❸ 结转上期账户余额。**第四步**：顺序编号。包括：❶ 将账簿按顺序编号。❷ 填列账户目录(科目索引)。❸ 贴上账户索引纸(俗称“口取纸”)。

(二)建账方法

1. 库存现金日记账、银行存款日记账的建账方法

根据表1-1所给的月初余额(即期初余额)和本书附录所给的空白日记账页登记“库存现金日记账”和“银行存款日记账”的期初余额。日记账的装订方法见本书第二章“二、会计账簿、会计报表的整理装订与存档保管”中的“1. 整理并装订日记账”。日记账的建账方法如图1-3所示。

2. 明细账的建账方法

❶ 根据表1-1至表1-3所给的各明细账月初余额和本书附录所给的空白明细账账页，按照明细账的目录顺序依次登记甲式账、多栏式明细

账和乙式账的期初余额。❷ 特别注意顺序。因为所给明细账的种类、格式、专栏多少、需要登记的内容(行数)多少不同。❸ 明细账的装订方法见本书第二章“二、会计账簿、会计报表的整理装订与存档保管”中的“2. 整理并装订明细账”。❹ 明细账的建账方法如图 1-4 所示。

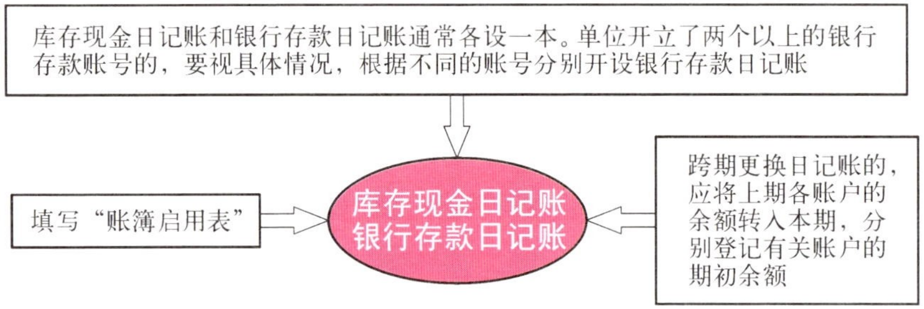

图 1-3　日记账的建账方法

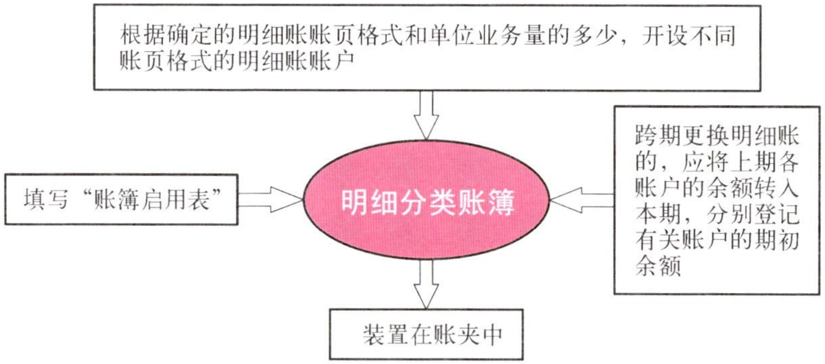

图 1-4　明细账的建账方法

3. **总账的建账方法**

❶ 根据表 1-1 所给的各总账月初余额和本书附录所给的空白总账账页，按照总账的目录顺序依次登记各有关总账的期初余额。❷ 总账的装订方法见本书第二章“二、会计账簿、会计报表的整理装订与存档保管”中的“3. 整理并装订总账”。❸ 总账的建账方法如图 1-5 所示。

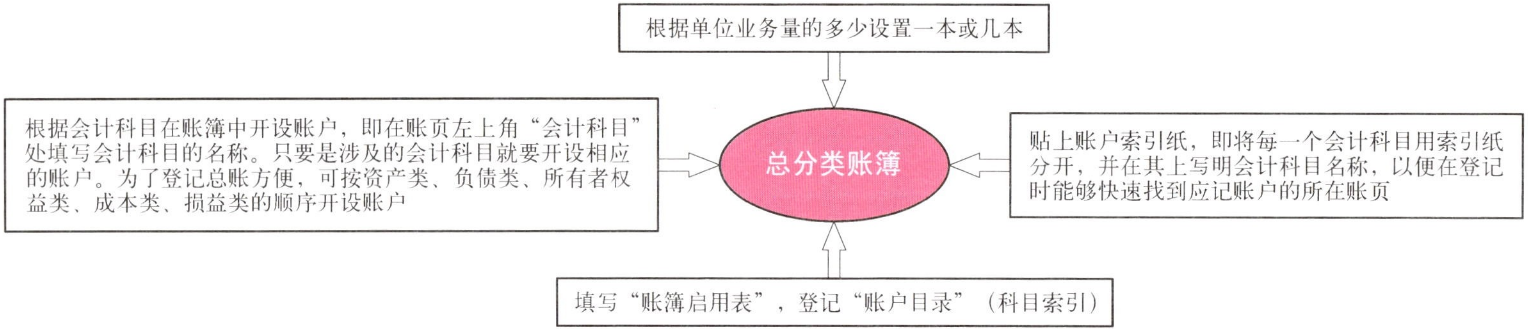

图 1-5　总账的建账方法

(三) 建账数据与所需账簿(页)格式

东海市童莉食品公司 2023 年 12 月的总账、明细账月初余额及相关资料如表 1-1 至表 1-3 所示。

表 1-1　　**东海市童莉食品公司 2023 年 12 月的总账、明细账月初余额**　　单位：元

序号	总账科目	明细账科目	借方金额	贷方金额	账页格式
1	库存现金		**2 000**		三栏式
		日记账	2 000		专用三栏
2	银行存款		**8 465 000**		三栏式
		日记账	8 465 000		专用三栏
3	应收票据		**2 381 620**		三栏式
		欢喜食品店	1 245 400		甲式账
		高兴食品店	1 136 220		
4	应收账款		**1 181 890**		三栏式
		光华商场	430 370		甲式账
		红星商场	731 520		
		华峰商场	20 000		
5	预付账款		**264 910**		三栏式
		国立养鸡场	271 410		甲式账
		南方公司		6 500	
6	其他应收款		**8 000**		三栏式
		艾笑寿	8 000		甲式账
7	坏账准备			**14 200**	三栏式
		应收账款		14 200	甲式账
8	在途物资		**220 000**		三栏式
		华荣金属公司	220 000		甲式账

序号	总账科目	明细账科目	借方金额	贷方金额	账页格式
9	原材料		**1 153 400**		三栏式
		详见表 1-2	1 153 400		乙式账
10	库存商品		**1 202 692**		三栏式
		详见表 1-3	1 202 692		乙式账
11	固定资产		**28 450 000**		三栏式
		机器设备类	13 000 000		甲式账
		房屋建筑类	15 450 000		
12	累计折旧	不设明细账		**921 272**	三栏式
13	在建工程		**209 000**		三栏式
		锅炉工程	120 000		甲式账
		配电室工程	89 000		
14	无形资产		**540 000**		三栏式
		专利技术	540 000		甲式账
		配方专利			
15	累计摊销	不设明细账		**90 000**	三栏式
16	短期借款			**2 500 000**	三栏式
		工行东支		2 500 000	甲式账
17	应付票据			**339 300**	三栏式
		田甜制糖公司		175 500	甲式账
		盛达油脂公司		163 800	

续表

序号	总账科目	明细账科目	借方金额	贷方金额	账页格式
18	应付账款			**172 180**	三栏式
		河东养鸡场		226 000	甲式账
		世纪公司		36 180	
		前进面粉厂	90 000		
19	预收账款			**2 619 020**	三栏式
		莲花超市		2 700 000	甲式账
		牡丹超市	80 980		
20	应付职工薪酬			**1 700 000**	三栏式
		工资		1 700 000	甲式账
		职工福利			
21	应交税费			**328 880**	三栏式
		应交增值税			专用多栏
		未交增值税		146 920	甲式账
		应交城市维护建设税		21 560	
		应交教育费附加		9 240	
		应交地方教育费附加		6 160	
		应交所得税		145 000	
22	应付利息			**21 600**	三栏式
		工行东支		21 600	甲式账
23	应付股利				三栏式
		港城投资公司			甲式账
		海虹机械公司			
24	实收资本			**30 000 000**	三栏式
		港城投资公司		18 000 000	甲式账
		海虹机械公司		12 000 000	
25	资本公积			**300 000**	三栏式
		资本溢价		300 000	甲式账
26	盈余公积			**807 060**	三栏式
		法定盈余公积		807 060	甲式账
27	本年利润			**4 065 000**	三栏式
		本年利润		4 065 000	甲式账
28	利润分配			**200 000**	三栏式
		提取盈余公积			甲式账
		应付利润			
		未分配利润		200 000	
29	生产成本				三栏式
		装饰饼干	账内再按照成本项目设置专栏		专用多栏
		蛋圆饼干	账内再按照成本项目设置专栏		
30	制造费用				三栏式
		制造费用	按照费用项目设置专栏		借方多栏
31	主营业务收入				三栏式
		主营业务收入	按照产品名称设置专栏		贷方多栏
32	其他业务收入				三栏式
		其他业务收入	账内按业务项目设置专栏		贷方多栏

续表

序号	总账科目	明细账科目	借方金额	贷方金额	账页格式
33	营业外收入				三栏式
		营业外收入	账内按收入项目设置专栏		贷方多栏
34	主营业务成本				三栏式
		主营业务成本	账内按产品名称设置专栏		借方多栏
35	其他业务成本				三栏式
		其他业务成本	账内按业务项目设置专栏		借方多栏
36	税金及附加				三栏式
		税金及附加	账内按税费种类设置专栏		借方多栏
37	销售费用				三栏式
		销售费用	账内按费用项目设置专栏		借方多栏
38	管理费用				三栏式
		管理费用	账内按费用项目设置专栏		借方多栏
39	财务费用				三栏式
		账务费用	账内按费用项目设置专栏		借方多栏
40	信用减值损失				三栏式
		信用减值损失	账内按减值项目设置专栏		借方多栏
41	营业外支出				三栏式
		营业外支出	账内按支出项目设置专栏		借方多栏
42	所得税费用				三栏式
		所得税费用			甲式账
	合　计		44 078 512	44 078 512	

表 1-2　**原材料明细账资料**

账户名称	计量单位	数　量	单价/元	金额/元	账页格式
小麦粉	千克	50 000	5.29	264 400	乙式账
白砂糖	千克	30 000	15.60	468 000	乙式账
鸡　蛋	千克	5 000	16.80	84 000	乙式账
橄榄油	千克	6 000	19.50	117 000	乙式账
方铁盒	个	22 000	10.00	220 000	乙式账
合　计				1 153 400	

表 1-3　**库存商品明细账资料**

账户名称	计量单位	数　量	单价/元	金额/元	账页格式
装饰饼干	盒	7 000	103.69	725 854	乙式账
蛋圆饼干	盒	5 000	95.37	476 838	乙式账
合　计				1 202 692	

七、基础会计学综合模拟实训教学方案与课时安排建议

(一)作为一门独立的实践性课程,进行集中实训

❶ 建议安排在“基础会计学”课程理论教学完成后当学期的1～2周内完成。❷ 或者,建议安排在“基础会计学”课程理论教学完成后下一学期初的1～2周内完成。

(二)作为基础会计学课程的组成部分,分散在课内完成

❶ 如果“基础会计学”课程安排64学时(每周4学时),建议40学时完成理论教学,24学时完成实训教学(建议4学时连续进行)。❷ 如果“基础会计学”课程安排80学时(每周5学时),建议48学时完成理论教学,32学时完成实训教学(建议4学时连续进行)。

八、基础会计学综合模拟实训教学要求与考评

(一)实训教学要求

(1)掌握国家有关财经法律法规和企业会计制度,掌握各项费用的开支范围、标准及规定,加强学生政策法制、依法治国观念。

(2)运用规范仿真的原始凭证、真实的记账凭证、会计账簿和会计报表,严格按现行企业会计准则的要求进行操作。

(3)实训过程中遇到课堂理论教学中没有学到的新知识,应查阅资料,培养独立分析问题和解决问题的能力。

(4)实训结束后,将原始凭证、记账凭证、会计账簿、会计报表进行装订,作为考核的依据。

(5)实训结束后,每一名学生提交一份实训报告,主要内容包括:❶ 实训内容。❷ 实训过程。❸ 实训结束。❹ 实训中存在的问题及解决的方法。❺ 实训体会及合理化建议。

(二)实训教学考评

实训考评包括实训过程和实训结果考评,分别占总成绩的40%和60%。实训过程考评以实训小组的考评为主,实训结果考评以学生提交的实训成果为依据,其评分标准分别为:原始凭证的填制和审核占30%、记账凭证的填制与审核占30%、账簿登记和会计报表编制占20%、会计档案装订占10%、实训报告撰写占10%。

九、基础会计学综合模拟实训操作用相关账表及物品

基础会计学模拟实训实操所需要的材料除本书的附录或相关章节中已给出的空白凭证、账页、报表、封皮以外,还需要以下物品,如表1-4所示。

表 1-4 **基础会计学综合模拟实训操作用相关物品**

序号	物品名称	规格型号	计量单位	数　量	备　注	序号	物品名称	规格型号	计量单位	数　量	备　注
1	资料盒	320 mm×235 mm×45 mm	盒	1 盒/(人、组)	一次性消耗	10	铅笔		支	1 支/(人、组)	一次性消耗
2	直尺	300 mm	把	1 把/(人、组)	一次性消耗	11	小剪刀		把	1 把/(人、组)	一次性消耗
3	回形针	小盒	盒	1 盒/(人、组)	一次性消耗	12	订书针	普通	盒	1 盒/班	一次性消耗
4	索引标签(口取纸)	蓝色,10 张/小包	张	3 张/(人、组)	一次性消耗	13	订书机		个	5 个/班	实训室配备周转用
		红色,10 张/小包	张	3 张/(人、组)	一次性消耗	14	倒钩铁锥		把	1 把/(人、组)	实训室配备周转用
5	胶水(棒)	小瓶	瓶	1 瓶/(人、组)	一次性消耗	15	凭证打眼机		台	4 台/班	实训室配备周转用
6	装订线		卷	2 卷/班	一次性消耗	16	会计科目章		盒	10 盒/班	实训室配备周转用
7	栓账绳(带)		根	1 根/(人、组)	一次性消耗	17	公章	直径 42 mm	个	10 个/班	实训室配备周转用
8	橡皮		块	1 块/(人、组)	一次性消耗	18	财务专用章	直径 40 mm	个	10 个/班	实训室配备周转用
9	财会专用笔	红色(0.35 mm)	支	1 支/(人、组)	一次性消耗	19	承前页章		个	1 个/(人、组)	实训室配备周转用
		黑色(0.35 mm)	支	1 支/(人、组)	一次性消耗	20	转次页章		个	1 个/(人、组)	实训室配备周转用
		黑色笔芯(0.35 mm)	支	1 支/(人、组)	一次性消耗	21	月结章		个	1 个/(人、组)	实训室配备周转用
特别提示:公章及财务专用章的中央刻"实训"或"实验"字样,替换实际工作中该章中央的五角星。											
特别说明:本模拟实训操作,实际需要:❶ 收款凭证 10 张,本书提供 16 张。❷ 付款凭证 27 张,本书提供 32 张。❸ 转账凭证 36 张,本书提供 36 张。❹ 科目汇总表 3 张,本书提供 6 张。❺ 明细账账页与总账账页均有适量富余。注意节约使用。											

会计论道

贪婪的猴子——会计工作谨防贪婪

在阿尔及尔地区的长拜尔有一种猴子,经常偷食农民的玉米。当地的农民根据这些猴子的特性,发明了一种捕捉猴子的巧妙方法。农民们把一只葫芦型的细颈瓶子固定在大树上,再在瓶子中放入猴子们最爱吃的玉米,然后就静候佳音了。到了晚上,猴子来到树下,见到瓶中的玉米十分高兴,就把爪子伸进瓶子去抓玉米。这瓶子的妙处就在于猴子的爪子刚刚能够伸进去,当它抓住一把玉米时,爪子却怎么也拉不出来了。贪婪的猴子绝不可能放下已到手的玉米,就这样,它的爪子也就一直抽不出来,它就死死地守在瓶子旁边。直到第二天早晨,农民把它抓住的时候,它依然不会放开爪子,还幻想着要把那玉米放入嘴中。

教授寄语: 人从猴子进化而来,当然比猴子聪明一些。如果把玉米换成金钱、权力,上当的恐怕就是人而不是猴子了。会计经常与金钱打交道,莫伸手,伸手必被捉!

与华尔街狼共舞,小米上市艰难历程

第二章　会计档案的整理与保管

实训实操前，应撕裁本书附录中给出的空白账页和账簿封皮，然后按照以下要求装订成册。在月末，当完成第四章、第五章要求的实操内容后，按照以下要求进行会计凭证、会计报表的装订；在年末，按照以下要求进行会计账簿的整理，以及会计凭证、会计账簿与会计报表的归档保管。

一、会计凭证的装订与存档保管

(一) 整理凭证并加具封面、封底和包角

(1) **整理记账凭证**。将记账凭证分三部分(本)进行整理：❶ 第四章(业务 1—业务 27)所编制记账凭证。❷ 第四章(业务 28—业务 54)所编制记账凭证。❸ 第五章(业务 55—业务 68)所编制记账凭证。

(2) **加具封面和封底**。对以上整理好的每本记账凭证：❶ 将本书附录所给出的 3 张记账凭证封皮，沿裁剪线裁成封面和封底；然后分别加具到整理好的 3 本记账凭证的前后。❷ 将本书附录所给出的记账凭证包角，沿虚线(打孔线)裁成 4 个十字包角，分别加具到封面的左上角(字朝下)。

(二) 手工穿线装订方法

(1) **打眼**。在十字包角上以对角线的两点(对准记账凭证包角的“●”位置)，用装订机从外到里均匀地打两个眼，注意不能太靠外以免装订不牢，也不能太靠里以免不便于翻阅查证。

(2) **穿线**。❶ 将一根长约 60 cm 的装订线分四分之一和四分之三折叠。❷ 从里面的那个眼，将带钩锥子从正面穿出，从背面钩住装订线的折叠处并将其拉出(不要拉透，留出一个活扣)，然后压住装订线的短线头，将装订线的长线头翻过来从活扣中穿出并拉紧。❸ 再次从里面的两个眼，将带钩锥子从正面穿出，从背面钩住装订线的长线头(折叠并留出穿线余地)，然后将其拉出(拉透不留活扣)并拉紧，形成第一个十字角。❹ 从外面的那个眼，将带钩锥子从背面穿出，从正面钩住装订线的长线头，然后将其拉出(不要拉透，留出一个活扣)，将装订线的长线头翻过来从活扣中穿出并拉紧。❺ 再次从外面的那个眼，从背面将带钩锥子穿出，从正面钩住装订线的长线头，然后将其拉出(拉透不留活扣)并拉紧，形成第二个十字角。扫描二维码观看手工穿线装订方法视频。

手工穿线凭证装订方法(视频)

(3) **打结**。在凭证的背面，将装订线的两端系上拉紧并打死结，然后用剪刀剪掉多余的线头。

(三) 铆管装订机装订方法

铆管装订机是财务办公常用的一款文件装订机，其架构如图 2－1 所示。使用铆管装订机进行凭证装订的操作说明如下：

❶ **插上电源**：插上电源，按下开关，电源指示灯亮(红灯)，机器处于预热状态。大约 4 分钟后，红灯灭后，绿灯亮起，机器开始热铆，预热时不影响机器的打孔。❷ **插入铆管**：将接管盒盖打开，铆管插入机身后侧的小圆孔内。❸ **打孔**：将文件装置在台面板上，放在所需装订的位置(对准记账凭证包角的“⊕”装置)，压右边手柄进行打孔。❹ **铆管入孔**：打孔时，机器会根据打孔材料的厚度自动切出相应长度的铆管段，将其插入刚打的装订孔中。❺ **插入定芯轴**：将文件移至机器左侧的热熔器下，并将定芯轴插入铆管中。❻ **热铆**：压左边手柄，停留片刻。❼ **装订完成**：拔出定芯轴，

取出文件，装订完成。❽ **倒纸屑：**取下接纸盒，将纸屑倒掉后装入。铆管装订机装订步骤如图 2 - 2 所示。扫描二维码观看热熔一体机装订方法视频。

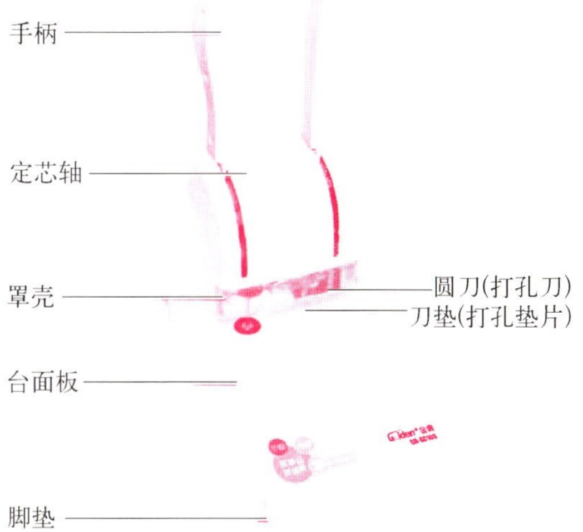

图 2 - 1　铆管装订机架构

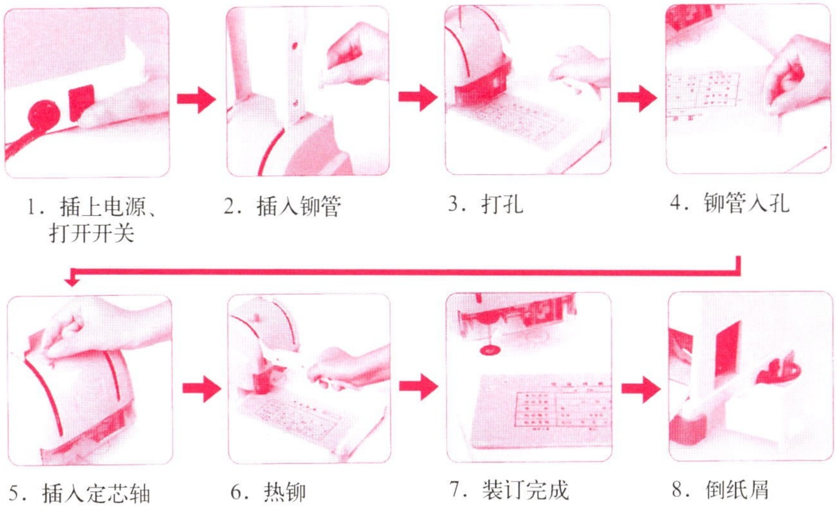

图 2 - 2　铆管装订机装订步骤

热熔一体机
凭证装订法(视频)

(四) 封角并盖章

(1) **封角**。沿着十字包角的斜线折叠翻转露出包角正面，将十字包角的两头，抹上胶水，然后再将包角向下、向右折叠到背面并粘牢，要求包角能将装订线的线头全部覆盖上。

(2) **填写凭证脊背**。在十字包角翻转折叠粘贴形成的凭证脊背上，填写日期年和月、凭证起止号数(第几号至第几号)、凭证册序(第几册)和凭证册数(共几册)。

(3) **填写封面**。在凭证封面上填写起止日期、账册编号(第几册、共几册)；凭证种类、起止号数、凭证张数、附件张数、会计档案的卷宗号及保管年限等。

(4) **盖章、归档**。装订人员在装订线封签处签名或盖章，然后归档。

二、会计账簿、会计报表的整理装订与存档保管

1. **整理并装订日记账**

❶ 将本书附录给出的日记账(库存现金和银行存款)沿撕裁线撕下并整理在一起。❷ 将本书附录给出的“日记账封面”“日记账封底”撕下。❸ 将日记账封面和封底加具到日记账的前后并用订书机将他们订牢(形成订本式账簿)。❹ 按照要求填写封皮并加盖公章。

2. **整理并装订明细账**

❶ 将本书附录给出的明细账(数量金额式、多栏式、三栏式)空白账页撕下并整理在一起。❷ 将本书附录所给出的“明细账封面”“明细账封底”撕下。❸ 将明细账封面和封底,加具到整理好的明细账的前后并用账绳穿在一起和打结(活页式)。❹ 按照要求填写封皮(包括目录的科目名称)并加盖公章。❺ 在年末:首先,应按照顺序编写总号;其次,再对每一总账所属明细账编写分号;最后,填写明细账目录的起始页码。

3. **整理并装订总账**

❶ 将本书附录给出的空白总账账页撕下并整理在一起。❷ 将本书附录所给出的“总账封面”“总账封底”撕下。❸ 将总账封面和封底,加具到整理好的总账账页的前后并用订书机将其订牢(订本式)。❹ 按照要求填写封皮(包括目录的会计科目名称及账页起始页码)并加盖公章。

4. **整理并装订会计报表**

❶ 将编制完成的会计报表撕下并整理在一起。❷ 将本书附录所给出的会计报表“封面”和“封底”撕下。❸ 将会计报表的封面和封底,加具到整理好的会计报表的前后并用订书机将其订牢。❹ 按照要求填写封皮并加盖公章。

5. **会计档案的归档**

装订人员在装订线封签处签名或盖章,然后归档并存入会计档案室。

会计论道

君子“报仇”——另一种进取途径

有一个人很不满意自己的工作,他忿忿地对朋友说:“我的老板一点也不把我放在眼里,改天我要对他拍桌子,然后辞职不干。”“你完全弄清楚那家贸易公司了吗?完全搞通他们做国际贸易的窍门了吗?”他的朋友反问。“没有!”“君子报仇十年不晚,我建议你好好地把他们的一切贸易技巧、商业文书和公司组织完全搞通,甚至连怎么修理影印机的小故障都学会,然后辞职不干。”他的朋友建议,“你把他们的公司当作免费学习的地方,什么东西都学通了之后,再一走了之,不是既出了气,又有许多收获吗?”那人听从了朋友的建议,从此便默记学习。一年之后,那位朋友偶然遇到他:“你现在大概多半都学会了,可以准备拍桌子不干了吧?”“可是我发现近半年来,老板对我刮目相看,最近更总是委以重任,又升官、又加薪,我已经成为公司的红人了。”“这是我早就料到的”,他的朋友笑着说:“当初你的老板不重视你,是因为你的能力不足,却又不努力学习。你痛下苦功,当然会令他对你刮目相看。只知抱怨老板的态度,却不反省自己的能力,这是人们常犯的毛病啊!”

教授寄语:如果你不被老板重视,不妨试试这种“报仇”方法。

左右倒手关联交易,青岛华光被处罚

第三章　经济业务对应原始凭证的文字表述及账务处理要求与提示

为了帮助学生理解原始凭证所体现的经济业务并进行账务处理，本章对第四章、第五章经济业务所表现的原始凭证，采取一一对应的方式，进行了文字表述，对账务处理进行提示并提出了要求。

一、日常经济业务对应原始凭证的文字表述及账务处理要求与提示

业务1：**同城现销（钱货两清）**。1日，企业向东海市欣欣食品店销售装饰饼干和蛋圆饼干，货已发出，款项已通过银行转账收讫。账务处理要求与提示：❶ 根据原始凭证编制记账凭证（收1，附件3张）：**借记“银行存款”账户，贷记“主营业务收入”“应交税费——应交增值税（销项税额）”账户**。❷ 根据“产品出库单”登记“库存商品”所属“装饰饼干”“蛋圆饼干”明细账“发出数量”栏后，将“产品出库单”妥善保管，在处理第60笔业务时要用。❸ 根据记账凭证登记“银行存款”日记账、“主营业务收入”明细账“装饰饼干”“蛋圆饼干”专栏和“应交税费——应交增值税”明细账“销项税额”专栏。

业务2：**以冲销预付账款方式购进材料，预付金额与实际结算金额相等**。1日，收到并验收入库上月向济南市国立养鸡场购进的鸡蛋。❶ 对方代垫运费，转来承运单位开具的货物运输服务“电子发票（增值税专用发票）”。❷ 鸡蛋已验收入库，填制“收料单”并确定实际成本。❸ 上月已预付货款271 410元，与实际结算金额相等。账务处理要求与提示：❶ 根据原始凭证编制记账凭证（转1，附件4张）：**借记“原材料”“应交税费——应交增值税（进项税额）”账户，贷记“预付账款——国立养鸡场”账户**。❷ 根据“收料单”登记“原材料——鸡蛋”明细账“收入”栏（数量、单价、金额）。❸ 根据记账凭证登记“应交税费——应交增值税”明细账“进项税额”专栏和“预付账款——国立养鸡场”明细账。

业务3：**偿还前欠货款**。1日，通过企业网银支付上月欠东海市河东养鸡场的货款。账务处理要求与提示：❶ 根据原始凭证编制记账凭证（付1，附件2张）：**借记“应付账款——河东养鸡场”账户，贷记“银行存款”账户**。❷ 根据记账凭证登记“应付账款——河东养鸡场”明细账和“银行存款”日记账。

业务4：**车间生产领用材料，存货计价采用“月末一次加权平均法”并汇总登记**。1日，生产车间分仓库填制标明用途的“领料单”领用材料。

（1）领料单联次及用途：❶ 领料单一般为一式四联：第一联（领料单位联）、第二联（财务联）、第三联（仓库联）、第四联（存根联）。❷ 仓库保管员平时根据“仓库联”登记仓库“原材料”明细账的“发出数量”栏，财务部门月末将“财务联”汇总，编制“发料凭证汇总表”。❸ 特别说明：本书为节约篇幅只给出财务联，实训时可一联两用（下同）。

（2）本业务不编制会计分录。❶ 需要根据“领料单”登记各“原材料”明细账的“发出”栏的“数量”栏。❷ 在登记“原材料”明细账时，凭证“种类”为“领”字，“号数”为“领料单”右上角的编号。❸ 特别说明：在登记完“原材料”明细账后，应将“领料单”妥善保管，在处理第55笔业务时要用。

业务5：**异地采购（钱货两清）**。3日，向郑州市宏远面粉厂采购小麦粉并验收入库；对方代垫运费转来承运单位开具的货物运输服务“电子发票（增值税专用发票）”；收到中国工商银行业务回单（付款）。账务处理要求与提示：❶ 根据原始凭证编制记账凭证（付2，附件5张）：**借记“原材

料——小麦粉”“应交税费——应交增值税（进项税额）”账户，贷记“银行存款”账户。❷ 根据“收料单”登记“原材料——小麦粉”明细账“收入”栏（数量、单价、金额）。❸ 根据记账凭证登记“应交税费——应交增值税”明细账“进项税额”专栏和“银行存款”日记账。

业务 6：**在途材料验收入库**。3 日，上月向南京市华荣金属公司采购的方铁盒验收入库，填制“收料单”，上列采购成本为 220 000 元。**账务处理要求与提示：**❶ 根据原始凭证编制记账凭证（转 2，附件 1 张）：**借记“原材料——方铁盒”账户，贷记“在途材料——华荣金属公司”账户**。❷ 根据“收料单”登记“原材料——方铁盒”明细账“收入”栏（数量、单价、金额）。❸ 根据记账凭证登记“在途物资——华荣金属公司”明细账。

业务 7：**以商业承兑汇票结算方式采购材料**。5 日，向广西北海市田甜制糖公司采购的白砂糖验收入库，签发由本公司承兑的商业汇票。**账务处理要求与提示：**❶ 根据原始凭证编制记账凭证（转 3，附件 4 张）：**借记“原材料——白砂糖”“应交税费——应交增值税（进项税额）”账户，贷记“应付票据——田甜制糖公司”账户**。❷ 根据“收料单”登记“原材料——白砂糖”明细账“收入”栏（数量、单价、金额）。❸ 根据记账凭证登记“应交税费——应交增值税”明细账“进项税额”专栏和“应付票据——田甜制糖公司”明细账。

业务 8：**赊销产品——应收账款**。5 日，向东海市光华商场销售产品，对方承诺款项于下月支付。**账务处理要求与提示：**❶ 根据原始凭证编制记账凭证（转 4，附件 1 张）：**借记“应收账款——光华商场”账户，贷记“主营业务收入”“应交税费——应交增值税（销项税额）”账户**。❷ 根据“产品出库单”登记“库存商品”所属“装饰饼干”“蛋圆饼干”明细账的“发出”栏的“数量”栏后，将“产品出库单”妥善保管，在处理第 60 笔业务时要用。❸ 根据记账凭证登记“应收账款——光华商场”明细账、“主营业务收入”明细账“装饰饼干”“蛋圆饼干”专栏和“应交税费——应交增值税”明细账“销项税额”专栏。

业务 9：**以企业网银预付购货款**。7 日，通过企业网银预付济南市国立养鸡场货款。**账务处理要求与提示：**❶ 根据原始凭证编制记账凭证（付 3，附件 2 张）：**借记“预付账款——国立养鸡场”账户，贷记“银行存款”账户**。❷ 根据记账凭证登记“预付账款——国立养鸡场”明细账和“银行存款”日记账。

业务 10：**产品完工入库**。7 日，车间产品完工入库，填制“产品入库单”。**账务处理要求与提示：**

（1）该业务不编制会计分录。❶ 平时，根据“产品入库单”登记“库存商品”明细账的“收入”栏的“数量”栏。❷ 月末，结出入库数量并根据“产品成本计算表”中的单位成本和总成本在“库存商品”明细账的“月结行”登记“收入”栏的“单价”和“金额”栏。

（2）特别说明：❶ 登记“库存商品”明细账上的凭证种类、号数时，“种类”为“入”字，“号数”为“产品入库单”右上角的编号（下同）。❷ 在登记完“库存商品”明细账后，应将“产品入库单”妥善保管，在处理第 59 笔业务时要用。

业务 11：**销售商品，收到商业承兑汇票**。7 日，向沈阳市欢喜食品店销售装饰饼干和蛋圆饼干，货已发出，收到对方签发的商业承兑汇票。**账务处理要求与提示：**❶ 根据原始凭证编制记账凭证（转 5，附件 2 张）：**借记“应收票据——欢喜食品店”账户，贷记“主营业务收入”“应交税费——应交增值税（销项税额）”账户**。❷ 根据“产品出库单”登记“库存商品”所属“装饰饼干”“蛋圆饼干”明细账“发出”栏的“数量”栏后，将“产品出库单”妥善保管，在处理第 60 笔业务时要用。❸ 根据记账凭证登记“应收票据——欢喜食品店”明细账、“主营业务收入”明细账“装饰饼干”“蛋圆饼干”专栏和“应交税费——应交增值税”明细账“销项税额”专栏。

业务 12：**签发商业承兑汇票采购原材料**。7 日，向杭州市盛达油脂公司采购的橄榄油验收入库；对方代垫运费并转来承运单位开具的货物运输服务“电子发票（增值税专用发票）”；经审核无误后，签发由本公司承兑的商业汇票。**账务处理要求与提示：**❶ 根据原始凭证编制记账凭证（转 6，附件 5 张）：**借记“原材料——橄榄油”“应交税费——应交增值税（进项税额）”账户，贷记“应付票据——盛达油脂公司”账户**。❷ 根据“收料单”登记

“原材料——橄榄油”明细账“收入”栏（数量、单价、金额）。❸ 根据记账凭证登记“应交税费——应交增值税”明细账“进项税额”专栏和“应付票据——盛达油脂公司”明细账。

业务 13：**通过企业网银收到上月销售应收的款项**。7 日，开户银行转来“中国工商银行业务回单（收款）”，系上月应收兰州市红星商场购货款项。**账务处理要求与提示：**❶ 根据原始凭证编制记账凭证（收 2，附件 1 张）：**借记“银行存款”账户，贷记“应收账款——红星商场”账户**。❷ 根据记账凭证登记“银行存款”日记账和“应收账款——红星商场”明细账。

业务 14：**同城结算，通过企业网银收到购货方偿付前欠货款**。9 日，收到“中国工商银行业务回单（收款）”，系东海市光华商场上月所欠货款。**账务处理要求与提示：**❶ 根据原始凭证编制记账凭证（收 3，附件 1 张）：**借记“银行存款”账户，贷记“应收账款——光华商场”账户**。❷ 根据记账凭证登记“应收账款——光华商场”明细账和“银行存款”日记账。

业务 15：**赊购材料——应付账款**。9 日，从东海市河东养鸡场购入鸡蛋并已验收入库，货款与对方商妥下月支付。**账务处理要求与提示：**❶ 根据原始凭证编制记账凭证（转 7，附件 3 张）：**借记“原材料——鸡蛋”“应交税费——应交增值税（进项税额）”账户，贷记“应付账款——河东养鸡场”账户**。❷ 根据“收料单”登记“原材料——鸡蛋”明细账“收入”栏（数量、单价、金额）。❸ 根据记账凭证登记“应交税费——应交增值税”明细账“进项税额”专栏和“应付账款——河东养鸡场”明细账。

业务 16：**报销差旅费——实报金额大于预借金额**。9 日，职工艾笑寿报销差旅费 8 658 元，扣除预借款 8 000 元外另现金补付差额 658 元，结清预借款。**账务处理要求与提示：**❶《财政部、税务总局、海关总署关于深化增值税改革有关政策的公告》（2019 年第 39 号）规定，纳税人购进国内旅客运输服务，其进项税额允许从销项税额中抵扣。如果纳税人取得旅客运输服务电子发票（增值税专用发票），则按发票所列税额，确认进项税额，如果纳税人未取得增值税专用发票的，暂按以下规定确定增值税进项税额：取得注明旅客身份信息的航空运输电子客票行程单的，按“航空旅客运输进项税额＝（票价＋燃油附加费）÷（1＋9％）×9％”计算增值税进项税额；取得注明旅客身份信息的铁路车票的，按“铁路旅客运输进项税额＝票面金额÷（1＋9％）×9％”计算增值税进项税额；取得注明旅客身份信息的公路、水路等其他客票的，按“公路、水路等其他旅客运输进项税额＝票面金额÷（1＋3％）×3％”计算增值税进项税额。❷ 根据原始凭证编制以下 2 张记账凭证：**借记“管理费用——差旅费”“应交税费——应交增值税（进项税额）”账户，贷记“其他应收款——艾笑寿”账户**（转 8，附件 5 张），同时，**借记“其他应收款——艾笑寿”账户，贷记“库存现金”账户**（付 4，附件 0 张，在该记账凭证的“摘要”栏上注明：“原始凭证 5 张，附在转字 8 号凭证上”）。❸ 根据记账凭证登记“管理费用”明细账“差旅费”专栏、“应交税费——应交增值税”明细账“进项税额”专栏、“其他应收款——艾笑寿”明细账和“库存现金”日记账。

购进国内旅客运输服务进项税抵扣

业务 17：**偿付到期商业承兑汇票款**。9 日，收款单位广西北海市田甜制糖公司托收商业承兑汇票到期，收到“中国工商银行托收凭证（付款通知）”，经审核无误，已通过银行付讫。**账务处理要求与提示：**❶ 根据原始凭证编制记账凭证（付 5，附件 2 张）：**借记“应付票据——田甜制糖公司”账户，贷记“银行存款”账户**。❷ 根据记账凭证登记“应付票据——田甜制糖公司”明细账和“银行存款”日记账。

业务 18：**实际缴纳上月应纳的有关税费**。9 日，填开“中华人民共和国税收专用缴款书”，缴纳上月未交增值税、应交所得税、应交城市维护建设税、应交教育费附加和应交地方教育附加。**账务处理要求与提示：**❶ 根据原始凭证编制记账凭证（付 6，附件 1 张）：**借记“应交税费——未交增值税”“应交税费——应交所得税”“应交税费——应交城市维护建设税”“应交税费——应交教育费附加”“应交税费——应交地方教育附加”账户，贷记“银行存款”账户**。❷ 根据记账凭证登记“应交税费”所属“未交增值税”“应交所得税”“应交城市维护建设税”“应交教育费附加”明细账和“银行存款”日记账。

业务19：**固定资产修理——费用化支出——直接记入“管理费用”账户**。11日，收到东海市方正建筑公司开具的办公大楼修理费的建筑服务电子发票（增值税专用发票），经审核无误同意付款，通过企业网银付讫。**账务处理要求与提示：**❶ 根据原始凭证编制记账凭证（付7，附件3张），**借记“管理费用——修理费”“应交税费——应交增值税（进项税额）”账户，贷记“银行存款”账户**。❷ 根据记账凭证登记“管理费用”明细账“修理费”专栏、“应交税费——应交增值税”明细账“进项税额”专栏和“银行存款”日记账。

业务20：**发放上月工资——由银行代发**。11日，根据上月应付工资结算汇总表发放上月职工工资，通过企业网银由银行代发，转入职工个人工资账户。**账务处理要求与提示：**❶ 根据原始凭证编制记账凭证（付8，附件3张）：**借记“应付职工薪酬——工资”账户，贷记“银行存款”账户**。❷ 根据记账凭证登记“银行存款”日记账和“应付职工薪酬——工资”明细账。

业务21：**车间生产领用材料，存货计价采用“月末一次加权平均法”并汇总登记**。11日，生产车间分仓库填制标明有用途的“领料单”领用材料。**账务处理要求与提示：**参见业务4的说明。

业务22：**收到托收的商业承兑汇票款**。11日，收到银行转来的“托收凭证（收账通知）”，系托收应收南宁市高兴食品店到期商业承兑汇票款。**账务处理要求与提示：**❶ 根据原始凭证编制记账凭证（收4，附件1张）：**借记“银行存款”账户，贷记“应收票据——高兴食品店”账户**。❷ 根据记账凭证登记“银行存款”日记账和“应收票据——高兴食品店”明细账。

业务23：**以网银结算方式购进原材料**。13日，向永济市光明面粉厂购进小麦粉并验收入库（对方负担运费），通过企业网银支付货款。**账务处理要求与提示：**❶ 根据原始凭证编制记账凭证（付9，附件4张）：**借记“原材料——小麦粉”“应交税费——应交增值税（进项税额）”账户，贷记“银行存款”账户**。❷ 根据“收料单”登记“原材料——小麦粉”明细账“收入”栏（数量、单价、金额）。❸ 根据记账凭证登记“应交税费——应交增值税”明细账“进项税额”专栏和“银行存款”日记账。

业务24：**提现备用**。15日，签发现金支票，从银行提取现金备用。**账务处理要求与提示：**❶ 根据原始凭证编制记账凭证（付10，附件1张），**借记“库存现金”账户，贷记“银行存款”账户**。❷ 根据记账凭证登记“银行存款”日记账和“库存现金”日记账。

业务25：**收到托收的到期商业承兑汇票款**。15日，收到银行转来的“托收凭证（收账通知）”，系托收应收沈阳市欢喜食品店到期商业承兑汇票款。**账务处理要求与提示：**❶ 根据原始凭证编制记账凭证（收5，附件1张），**借记“银行存款”账户，贷记“应收票据——欢喜食品店”账户**。❷ 根据记账凭证登记“银行存款”日记账和“应收票据——欢喜食品店”明细账。

业务26：**现金报销办公用品购买**。15日，现金报销办公用品购置费，并直接交付生产车间和有关部门使用。**账务处理要求与提示：**❶ 根据原始凭证编制记账凭证（付11，附件3张）：**借记“制造费用——办公费”“销售费用——办公费”“应交税费——应交增值税（进项税额）”账户，贷记“库存现金”账户**。❷ 根据记账凭证登记“制造费用”明细账“办公费”专栏、“销售费用”明细账“办公费”专栏、“应交税费——应交增值税”明细账“进项税额”专栏和“库存现金”日记账。

业务27：**遵守结算纪律，将超过银行核定的库存现金限额的部分现金送存银行**。15日，填写“现金缴款单”，将超库存现金限额的多余现金送存银行。**账务处理要求与提示：**❶ 根据原始凭证编制记账凭证（付12，附件1张）：**借记“银行存款”账户，贷记“库存现金”账户**。❷ 根据记账凭证登记“银行存款”日记账和“库存现金”日记账。

账务处理到第27笔业务为止，应编制第一张“科目汇总表”（第1—27笔业务）

业务28：**产品完工入库**。16日，车间产品完工入库，填制“产品入库单”。**账务处理要求与提示：**参见业务10的说明。

业务29：**冲销预付账款方式采购——实际结算金额小于预付金额**。17日，采用预付账款方式向济南市国立养鸡场预付款的鸡蛋验收入库，冲销本月7日已预付货款367 400元，多付的款项留待下次结算。**账务处理要求与提示：**❶ 根据原始凭证编制记账凭证(转9，附件3张)：**借记“原材料——鸡蛋”“应交税费——应交增值税(进项税额)”账户，贷记“预付账款——国立养鸡场”账户**。❷ 根据“收料单”登记“原材料——鸡蛋”明细账“收入”栏(数量、单价、金额)。❸ 根据记账凭证登记“应交税费——应交增值税”明细账“进项税额”专栏和“预付账款——国立养鸡场”明细账。

业务30：**职工福利费的支付与分配——支付并分配职工体检费**。17日，收到职工体检的电子发票(增值税普通发票)，经审核无误，同意付款；同时，按照受益对象分配职工体检费。**账务处理要求与提示：**❶ 根据规定“用于非增值税应税项目、免征增值税项目、集体福利或者个人消费的购进货物或者应税劳务”的增值税税额不得从销项税额中抵扣。❷ 根据原始凭证编制支付款项的记账凭证(付13，附件3张)：**借记“应付职工薪酬——职工福利”账户，贷记“银行存款”账户**。❸ 根据“职工体检费分配表”编制记账凭证(转10，附件1张)：**借记“生产成本——装饰饼干”“生产成本——蛋圆饼干”“制造费用——工薪费用”“销售费用——工薪费”“管理费用——工薪费”账户，贷记“应付职工薪酬——职工福利”账户**。❹ 根据记账凭证登记“应付职工薪酬——职工福利”明细账、“生产成本”所属“装饰饼干”“蛋圆饼干”明细账、“制造费用”“销售费用”“管理费用”明细账的“工薪费用”专栏和“银行存款”日记账。

业务31：**缴纳上半月应纳增值税**。17日，通过中国工商银行电子缴税付款平台缴纳本月1—15日应交增值税。**账务处理要求与提示：**❶ 根据原始凭证编制记账凭证(付14，附件1张)：**借记“应交税费——应交增值税(已交税金)”账户，贷记“银行存款”账户**。❷ 根据记账凭证登记“应交税费——应交增值税”明细账“已交税金”专栏和“银行存款”日记账。

业务32：**冲销预收货款销售并负担销售运费——实际结算金额大于预收金额，通过银行收到余款及运费**。19日，发出前已预收太原市莲花超市货款的装饰饼干和蛋圆饼干，价税合计2 785 450元，并收到预收款不足部分——85 450元。合同规定由本公司负担销售运费，收到承运单位开具的货物运输服务电子发票(增值税专用发票)，经审核无误通过企业网银付讫。**账务处理要求与提示：**❶ 根据原始凭证编制以下3张记账凭证：**借记“预收账款——莲花超市”账户，贷记“主营业务收入”“应交税费——应交增值税(销项税额)”账户**(转11，附件3张)；**借记“银行存款”账户，贷记“预收账款——莲花超市”账户**(收6，附件1张)；**借记“销售费用——运输费”“应交税费——应交增值税(进项税额)”账户，贷记“银行存款”账户**(付15，附件2张)。❷ 根据“产品出库单”登记“库存商品”所属“装饰饼干”“蛋圆饼干”明细账的“发出”栏的“数量”栏后，将“产品出库单”妥善保管，在处理第60笔业务时要用。❸ 根据记账凭证(转11)登记“预收账款——莲花超市”明细账、“主营业务收入”明细账“装饰饼干”“蛋圆饼干”专栏和“应交税费——应交增值税”明细账“销项税额”专栏。❹ 根据记账凭证(收6)登记“预收账款——莲花超市”明细账和“银行存款”日记账。❺ 根据记账凭证(付15)登记“销售费用”明细账“运输费”专栏、“应交税费——应交增值税”明细账“进项税额”专栏。

业务33：**不再符合资产条件的应收账款，确认坏账损失**。19日，经确认，应收华峰商场的货款20 000元已无法收回，报批后确认为坏账损失。**账务处理要求与提示：**❶ 根据原始凭证编制记账凭证(转12，附件1张)：**借记“坏账准备——应收账款”账户，贷记“应收账款——华峰商场”账户**。❷ 根据记账凭证登记“坏账准备——应收账款”明细账和“应收账款——华峰商场”明细账。

业务34：**公益救济性捐赠**。19日，开出转账支票，向东海市红十字会捐赠。**账务处理要求与提示：**❶ 根据原始凭证编制记账凭证(付16，附件3张)：**借记“营业外支出——捐赠支出”账户，贷记“银行存款”账户**。❷ 根据记账凭证登记“营业外支出”明细账“捐赠支出”专栏和“银行存款”日记账。

业务35：**购进材料，通过企业网银付款(钱货两清)**。21日，从南京市华荣金属公司购进的方铁盒验收入库(对方负担运费)；经审核无误后通过企业网银付讫。**账务处理要求与提示：**❶ 根据原始凭证编制记账凭证(付 17，附件 3 张)：**借记“原材料——方铁盒”“应交税费——应交增值税(进项税额)”账户，贷记“银行存款”账户**。❷ 根据“收料单”登记“原材料——方铁盒”明细账“收入”栏(数量、单价、金额)。❸ 根据记账凭证登记“应交税费——应交增值税”明细账“进项税额”专栏和“银行存款”日记账。

业务 36：**产品完工入库**。21 日，车间产品完工入库，填制“产品入库单”。**账务处理要求与提示：**参见业务 10 账务处理要求与提示。

业务 37：**车间生产领用材料，存货计价采用“月末一次加权平均法”并汇总登记**。21 日，生产车间分仓库填制标明有用途的“领料单”领用材料。**账务处理要求与提示：**该业务不编制会计分录，具体账务处理参见业务 4 的有关说明。

业务 38：**银行计收贷款利息和计付存款利息**。(1) 21 日，银行通知本季度企业应付利息 31 000 元并直接扣款。(2) 21 日，银行通知本季度企业活期存款利息收入 2 750 元并直接存入该公司的存款账户。**账务处理要求与提示：**❶ 根据“计收利息(付款通知)”编制记账凭证(付 18，附件 1 张)：**借记“应付利息——工行东支”账户，贷记“银行存款”账户**。❷ 根据“计付利息(收账通知)”编制记账凭证(收 7，附件 1 张)：**借记“银行存款”账户，贷记“财务费用——利息收入”账户**。❸ 根据记账凭证(付 18)登记“应付利息——工行海支”明细账和“银行存款”日记账。❹ 根据记账凭证(收 7)登记“银行存款”日记账和“财务费用”明细账“利息收入”专栏。❺ 特别说明：由于企业活期存款利息收入金额较小，一般将活期存款利息收入作为财务费用的减项来处理；计息积数是指存款(或贷款)每日余额的累计数，计息积数乘以日利率即为应付(或应收)利息。❻ 利息费用＝计息积数×日利率＝232 500 000×(0.4%÷30)＝31 000(元)，利息收入＝计息积数×日利率＝330 000 000×(0.3%÷360)＝2 750(元)。

业务 39：**商业承兑汇票结算方式销售产品(对方自提)**。23 日，向南宁市高兴食品店销售装饰饼干和蛋圆饼干，货已发出(对方自提)，收到高兴食品店签发的商业承兑汇票。**账务处理要求与提示：**❶ 根据原始凭证编制记账凭证(转 13，附件 2 张)：**借记“应收票据——高兴食品店”账户，贷记“主营业务收入”“应交税费——应交增值税(销项税额)”账户**。❷ 根据“产品出库单”登记“库存商品”所属“装饰饼干”“蛋圆饼干”明细账的“发出”栏的“数量”栏后，将“产品出库单”妥善保管，在处理第 60 笔业务时要用。❸ 根据记账凭证登记“应收票据——高兴食品店”明细账、“主营业务收入”明细账“装饰饼干”“蛋圆饼干”专栏和“应交税费——应交增值税”明细账“销项税额”专栏。

业务 40：**支付广告费**。25 日，开出转账支票支付东海市阳明广告公司广告费。**账务处理要求与提示：**❶ 根据原始凭证编制记账凭证(付 19，附件 3 张)：**借记“销售费用——广告费”“应交税费——应交增值税(进项税额)”账户，贷记“银行存款”账户**。❷ 根据记账凭证登记 “销售费用”明细账“广告费”专栏、“应交税费——应交增值税”明细账“进项税额”专栏和“银行存款”日记账。

业务 41：**赊销产品——应收账款**。25 日，向兰州市红星商场销售装饰饼干和蛋圆饼干；货已发出(对方自提)对方承诺款项下月支付。**账务处理要求与提示：**❶ 根据有关原始凭证编制记账凭证(转 14，附件 1 张)：**借记“应收账款——红星商场”账户，贷记“主营业务收入”“应交税费——应交增值税(销项税额)”账户**。❷ 根据“产品出库单”登记“库存商品”所属“装饰饼干”“蛋圆饼干”明细账的“发出”栏的“数量”栏后，将“产品出库单”妥善保管，在处理第 60 笔业务时要用。❸ 根据记账凭证登记“应收账款——红星商场”明细账、“主营业务收入”明细账“装饰饼干”“蛋圆饼干”专栏和“应交税费——应交增值税”明细账“销项税额”专栏。

业务 42：**结算工程价款，工程达到预计可使用状态**。25 日，锅炉工程完工并达到预计可使用状态，与方正建筑公司结算锅炉工程安装费，经审核无误后通过企业网银付讫。**账务处理要求与提示：**❶ 根据“报账(付款)审批单”“电子发票(增值税专用发票)”和“中国工商银行业务回单(付款)”编制记账凭证(付 20，附件 3 张)，**借记“在建工程——锅炉工程”“应交税费——应交增值税(进项税额)”账户，贷记“银行存款”账户**。❷ 根据“固定资产交接(验收)单”编制结转完工工程成本的记账凭证(转 15，附件 1 张)，**借记“固定资产——机器设备类”账户，贷记“在建工程——锅炉工**

程”账户。❸ 根据记账凭证登记“在建工程——锅炉工程”明细账、“应交税费——应交增值税”明细账“进项税额”专栏、“固定资产——机器设备类”明细账和“银行存款”日记账。

业务 43：**提现备用**。27 日，签发现金支票，从银行提取现金备用。**账务处理要求与提示**：参见业务 24 的说明。

业务 44：**预借差旅费——其他应收款**。27 日，艾笑寿出差预借现金。**账务处理要求与提示**：❶ 根据原始凭证编制记账凭证（付 22，附件 1 张）：**借记“其他应收款——艾笑寿”账户，贷记“库存现金”账户**。❷ 根据记账凭证登记“其他应收款——艾笑寿”明细账和“库存现金”日记账。

业务 45：**材料销售——其他业务收入**。29 日，向东海市通达食品厂转让其急需的方铁盒，货已发出，款项已收存银行。**账务处理要求与提示**：❶ 根据原始凭证编制记账凭证（收 8，附件 2 张）：**借记“银行存款”账户，贷记“其他业务收入——材料销售”“应交税费——应交增值税（销项税额）”账户**。❷ 根据“领料单”登记“原材料”明细账“发出”栏“数量”栏后将其妥善保管。❸ 根据记账凭证登记“银行存款”日记账、“其他业务收入”明细账“材料销售”专栏和“应交税费——应交增值税”明细账“销项税额”专栏。

业务 46：**预收账款**。29 日，开户银行转来“中国工商银行业务回单（收款）”，系太原市莲花超市预付购货款。**账务处理要求与提示**：❶ 根据原始凭证编制记账凭证（收 9，附件 1 张）：**借记“银行存款”账户，贷记“预收账款——莲花超市”账户**。❷ 根据记账凭证登记“银行存款”日记账和“预收账款——莲花超市”明细账。

业务 47：**购进配方专利权——无形资产**。29 日，通过企业网银支付从东海市斯特食品公司购进的配方专利权的款项。**账务处理要求与提示**：❶ 根据原始凭证编制记账凭证（付 23，附件 4 张）：**借记“无形资产——专利权”“应交税费——应交增值税（进项税额）”账户，贷记“银行存款”账户**。❷ 根据记账凭证登记“无形资产——专利权”明细账、“应交税费——应交增值税”明细账“进项税额”专栏和“银行存款”日记账。

业务 48：**产品完工入库**。29 日，车间产品完工入库，填制“产品入库单”。**账务处理要求与提示**：参见业务 10 有关说明。

业务 49：**购进原材料，发票账单已到，经审核无误，同意付款，材料在途（款付货未到）**。31 日，向南京市华荣金属公司购进方铁盒，发票账单已到，经审核无误后通过企业网银付讫，但材料尚未验收入库。**账务处理要求与提示**：❶ 根据原始凭证编制记账凭证（付 24，附件 3 张），**借记“在途物资——华荣金属公司”“应交税费——应交增值税（进项税额）”账户，贷记“银行存款”账户**。❷ 根据记账凭证登记“在途物资——华荣金属”明细账、“应交税费——应交增值税”明细账“进项税额”专栏和“银行存款”日记账。

业务 50：**无法支付的应付账款，不再满足负债确认的条件**。31 日，经确认应付世纪公司的货款 36 180 元无法支付，按规定转作营业外收入。**账务处理要求与提示**：❶ 根据原始凭证编制记账凭证（转 16，附件 1 张）：**借记“应付账款——世纪公司”账户，贷记“营业外收入——债务收入”账户**。❷ 根据记账凭证登记“应付账款——世纪公司”明细账和“营业外收入”明细账“债务收入”专栏。

业务 51：**支付并分配自来水水费**。31 日，收到供水公司开具的电子发票（增值税专用发票），价税合计 9 810 元，经审核无误后通过企业网银付讫，同时按照生产车间和行政管理消耗数量进行分配并编制“水费分配表”。**账务处理要求与提示**：❶ 根据原始凭证编制记账凭证（付 25，附件 4 张）：**借记“制造费用——水电费”“管理费用——水电费”“应交税费——应交增值税（进项税额）”账户，贷记“银行存款”账户**；❷ 根据记账凭证登记“制造费用”“管理费用”明细账“水电费”专栏、“应交税费——应交增值税”明细账“进项税额”专栏和“银行存款”日记账。

业务 52：**支付并分配电费**。31 日，收到供电公司开具的电子发票（增值税专用发票），价税合计 96 841 元，经审核无误后通过企业网银付讫，同时按照生产车间和行政管理消耗数量进行分配并编制“电费分配表”。**账务处理要求与提示**：❶ 根据原始凭证编制记账凭证（付 26，附件 4 张）：**借记“制造费用——水电费”“管理费用——水电费”“应交税费——应交增值税（进项税额）”账户，贷记“银行存款”账户**；❷ 根据记账凭证登记“制造费用”“管理费用”明细账“水电费”专栏、“应交税费——应交增值税”明细账“进项税额”专栏和“银行存款”日记账。

业务53：**恢复坏账准备**。31日，银行转来“电汇凭证(收账通知)”，收到上年已作坏账损失处理的应收浦江市诚信食品公司货款。**账务处理要求与提示**：❶ 根据原始凭证编制记账凭证(收10，附件1张)：**借记“银行存款”账户，贷记“坏账准备——应收账款”账户**；❷ 根据记账凭证登记“银行存款”日记账和“坏账准备——应收账款”明细账；❸ 特别说明：也可先借记“应收账款”账户，贷记“坏账准备”账户，再借记“银行存款”账户，贷记“应收账款”账户。

业务54：**购买支票及集中支付网银转账手续费，银行直接扣款**。31日，购买现金支票和转账支票各一本，集中支付网银转账手续费，开户银行直接从该公司的存款账户中扣款。**账务处理要求与提示**：❶ 根据原始凭证编制记账凭证(付27，附件1张)：**借记“财务费用——工本费”“财务费用——手续费”账户，贷记“银行存款”账户**；❷ 根据记账凭证登记“财务费用”明细账“工本费”“手续费”专栏和“银行存款”日记账。❸ 中国工商银行网银转账手续费收费标准：本行同城转账免费，本行异地转账按照转账金额的1%收取，最低1元/笔，最高50元/笔；❹ 网银转账手续费，银行在转账时按笔计算并从转账公司账户中直接扣款；❺ 本书为了减少篇幅，对网银转账手续费汇总计算并一笔扣除。

账务处理到第54笔业务为止，应编制第二张“科目汇总表”(第28—54笔业务)

二、产品成本计算、期末经济业务对应原始凭证的文字表述及账务处理要求与提示

产品成本计算，是指按成本计算对象并分成本项目，进行生产费用的归集和分配，并在此基础上计算产品成本。包括：❶ 材料费用的计算与分配。❷ 工薪费用的计算与分配。❸ 固定资产折旧费用的计算与分配。❹ 制造费用的归集与分配。❺ 计算并结转完工产品成本。

期末经济业务，是指按照应计制的要求，对有关收入和费用进行账项调整。包括：❶ 已销产品成本的计算与结转。❷ 有关税费的计算与结转。❸ 坏账准备的计提与结转。❹ 短期借款利息费用的计提与结转。❺ 无形资产摊销的计提与结转。❻ 为计算本年利润进行损益类账户的结转，采用“账结法”。❼ 所得税的年终汇算清缴与结转。❽ 利润分配的计算与结转。❾ 未分配利润的计算与结转。

账务处理要求：❶ 根据有关账簿记录填制原始凭证并编制记账凭证。❷ 根据审核无误的记账凭证登记有关明细账。❸ 编制第三张“科目汇总表”。❹ 根据第三张“科目汇总表”登记总账。❺ 对总账和明细账进行结账。

业务55：**材料费用的归集与分配**。月末，按照月末一次加权平均法计算本月发出原材料的加权平均单价，然后汇总“领料单”的数量并编制“发料凭证汇总表”，进行材料费用的归集与分配。**账务处理要求与提示**：❶ 根据原材料明细账的记录(月初结存数量和金额、本月收入数量和金额)计算并编制“原材料加权平均单位成本计算表”。❷ 根据“领料单”(分用途和材料名称)和“原材料加权平均单位成本计算表”填制“发料凭证汇总表”。❸ 根据“发料凭证汇总表”编制记账凭证(转17，附件2张)，**借记“生产成本——装饰饼干”“生产成本——蛋圆饼干”“其他业务成本——材料销售”账户，贷记“原材料”账户**。❹ 根据记账凭证登记“生产成本”所属“装饰饼干”和“蛋圆饼干”明细账、“其他业务成本”明细账“材料销售”专栏和“原材料”所属各明细账的“发出”栏。❺ 对原材料明细账进行结账，包括结转下年和画线封账。

业务56：**工资费用的分配与结转**。月末，根据考勤记录(略)，分车间、部门和用途，编制“应付工资结算汇总表”，分配并结转工资费用。**账务处理要求与提示**：❶ 根据“应付工资结算汇总表”编制分配并结转工资费用的记账凭证(转18，附件1张)，**借记“生产成本——装饰饼干”“生产成本——蛋圆饼干”“制造费用——工薪费用”“销售费用——工薪费”“管理费用——工薪费”账户，贷记“应付职工薪酬——工资”账户**。❷ 根据记账凭证登记“生产成本”所属“装饰饼干”“蛋圆饼干”明细账、“制造费用”“销售费用”“管理费用”明细账的“工薪费”专栏和“应付职工薪酬——工资”明

细账。❸ 对"应付职工薪酬——工资"明细账进行结账,包括结转下年和画线封账。

业务 57:**计提并结转折旧费用**。月末,根据月初固定资产原值和确定的折旧率,计算并编制"固定资产折旧计算汇总表",计提并结转固定资产折旧费用。**账务处理要求与提示:**❶ 根据"固定资产折旧计算汇总表"编制记账凭证(转 19,附件 1 张),**借记"制造费用——折旧费""销售费用——折旧费""管理费用——折旧费"账户,贷记"累计折旧"账户**。❷ 根据记账凭证登记"制造费用""销售费用""管理费用"明细账的"折旧费"专栏。❸"累计折旧"不设置明细账。

业务 58:**归集、分配并结转制造费用**。月末,根据"制造费用"明细账所归集的费用总额(借方发生额),按照成本计算对象(各产品)生产工人工资的比例,计算并编制"制造费用分配表",进行制造费用的分配与结转。**账务处理要求与提示:**❶ 根据"制造费用分配表"编制记账凭证(转 20,附件 1 张),**借记"生产成本——装饰饼干""生产成本——蛋圆饼干"账户,贷记"制造费用"账户**。❷ 根据记账凭证登记"生产成本"所属"装饰饼干"和"蛋圆饼干"明细账"制造费用"专栏。❸"制造费用"明细账各个专栏(用红字)登记。❹ 对"制造费用"明细账进行结账,包括画线封账。

业务 59:**计算并结转完工产品成本**。月末,根据"生产成本"明细账所记录的生产费用总额,结合"产品入库单"提供的完工数量,分成本项目编制"产品成本计算表"并结转完工产品成本。**账务处理要求与提示:**❶ 根据"产品成本计算表"编制记账凭证(转 21,附件 2 张),**借记"库存商品——装饰饼干""库存商品——蛋圆饼干"账户,贷记"生产成本——装饰饼干""生产成本——蛋圆饼干"账户**。❷ 根据记账凭证登记"库存商品"所属"装饰饼干""蛋圆饼干"明细账和"生产成本"所属"装饰饼干""蛋圆饼干"明细账(用红字登记)。❸ 对"生产成本"明细账进行结账,包括画线封账。

业务 60:**采用"月末一次加权平均法",计算并结转已销产品成本**。月末,根据"库存商品"明细账的期初结存(数量、金额)和本期收入(数量、金额),计算本月已销产品的加权平均单价,结合"产品出库单"提供的数量,编制"主营业务成本计算表"并结转已销产品成本。**账务处理要求与提示:**❶ 根据"主营业务成本计算表"编制记账凭证(转 22,附件 1 张),**借记"主营业务成本——装饰饼干""主营业务成本——蛋圆饼干"账户,贷记"库存商品——装饰饼干""库存商品——蛋圆饼干"账户**。❷ 根据记账凭证登记"主营业务成本"明细账"装饰饼干""蛋圆饼干"专栏、"库存商品"所属"装饰饼干"和"蛋圆饼干"明细账。❸ 对"库存商品"明细账进行结账,包括结转下年和画线封账。

业务 61:**计算并结转转出未交(或多交)增值税及应纳城市维护建设税、教育费附加和地方教育附加**。月末,❶ 根据"应交税费——应交增值税"明细账的有关专栏,计算并填制"应交及未交增值税计算表",结转转出未交增值税。❷ 根据本月应纳增值税税额,按照法定税、费率计算本月应纳城市维护建设税、教育费附加和地方教育附加额,编制"应交城市维护建设税和教育费附加计算表",结转税金及附加。**账务处理要求与提示:**❶ 根据"应交及未交增值税计算表"编制结转转出未交增值税的记账凭证(转 23,附件 1 张),**借记"应交税费——应交增值税(转出未交增值税)"账户,贷记"应交税费——未交增值税"账户**。❷ 根据"应交城市维护建设税和教育费附加计算表",编制有关税费结转的记账凭证(转 24,附件 1 张),**借记"税金及附加"账户,贷记"应交税费——应交城市维护建设税""应交税费——应交教育费附加""应交税费——应交地方教育费附加"账户**。❸ 根据记账凭证(转 23)登记"应交税费——应交增值税"明细账的"转出未交增值税"专栏和"应交税费——未交增值税"明细账。❹ 根据记账凭证(转 24)登记"税金及附加"明细账的"城市维护建设税""教育费附加""地方教育费附加"专栏和"应交税费"所属"应交城市维护建设税""应交教育费附加""应交地方教育费附加"明细账。❺ 对以上"应交税费"所属明细账进行结账,包括结转下年和画线封账。

业务 62:**年末,计提坏账准备,确认信用减值损失**。资产负债表日,进行应收款项减值测试,按照信用减值损失的历史数据,确定本年度应计提坏账准备比例——应收款项余额的 3%。31 日,经计算,本年度应补提坏账准备 48 950 元。编制"坏账准备计提表"。**账务处理要求与提示:**❶ 根据原始凭证编制记账凭证(转 25,附件 1 张):**借记"信用减值损失——坏账损失"账户,贷记"坏账准备——应收账款"账户**。❷ 根据记账凭证登记

“信用减值损失”明细账“坏账损失”专栏和“坏账准备——应收账款”明细账。

业务 63：**计提本月短期借款利息**。月末，根据“短期借款”所属明细账的期初余额、期末余额和规定的借款利率，计算并填制本月“银行借款利息计算表”，计算并结转本月短期借款利息费用。**账务处理要求与提示：**❶ 根据“银行借款利息计算表”编制结算并结转本月利息费用的记账凭证(转 26，附件 1 张)，**借记“财务费用——利息支出”账户，贷记“应付利息——工行东支”账户**。❷ 根据记账凭证登记“财务费用”明细账“利息支出”专栏和“应付利息——工行东支”明细账。❸ 对“财务费用”明细账进行结账，画线封账。❹ 对“应付利息——工行东支”明细账进行结账，包括结转下年和画线封账。

业务 64：**计算并结转无形资产摊销**。月末，根据“无形资产”账户所属明细账的期末余额和规定的计提期限，采用“直线法”计算并编制“无形资产摊销表”。**账务处理要求与提示：**❶ 根据原始凭证编制记账凭证(转 27，附件 1 张)：**借记“管理费用——无形资产摊销”账户，贷记“累计摊销”账户**。❷ 根据记账凭证参考“无形资产摊销表”登记“管理费用”明细账“无形资产摊销”专栏。❸ “累计摊销”不设明细账。

业务 65：**“账结法”下，结转损益类账户余额至“本年利润”账户**。月末，根据本月各收入利润类账户的贷方发生额(净额)和费用损失类账户的借方发生额(净额)，填制“本月损益类账户发生额汇总表”(结转“本年利润”账前)，结转损益类账户发生额至“本年利润”账户。**账务处理要求与提示：**❶ 根据“本月损益类账户发生额汇总表”的**结转前贷方发生额**编制结转收入利润类账户至“本年利润”账户贷方的记账凭证(转 28，附件 1 张)，**借记“主营业务收入”“其他业务收入”“营业外收入”账户，贷记“本年利润”账户**。❷ 根据“本月损益类账户发生额汇总表”的**结转前借方发生额**编制结转费用损失类账户至“本年利润”账户借方的记账凭证(转 29，附件 0 张)，**借记“本年利润”账户，贷记“主营业务成本”“其他业务成本”“税金及附加”“销售费用”“管理费用”“财务费用”“信用减值损失”“营业外支出”账户**。❸ 根据记账凭证(转 28)参考原始凭证登记“主营业务收入”“其他业务收入”和“营业外收入”明细账及各个专栏(用“红字”登记)；同时，分对应科目登记“本年利润”明细账的贷方栏。❹ 根据记账凭证(转 29)登记“主营业务成本”等费用损失类明细账及各个专栏(用“红字”登记)；同时，分对方科目登记“本年利润”明细账的借方栏。

业务 66：**按月预缴企业所得税的申报与所得税费用的结转**。期末，❶ 对损益类账户所属明细账(不包括“所得税费用”明细账)在 12 月月结的基础上进行年度结账，将各损益类账户的 11 月本年累计行金额与 12 月的发生额相加，在摘要栏内注明“本年累计”字样，并在 12 月“本年累计”行下画通栏——双红线(表示“封账”，下同)。❷ 根据各损益类账户的“本年累计”金额，编制“损益类账户全年累计发生额汇总表”。❸ 根据“损益类账户全年累计发生额汇总表”，参考有关明细账，按照所得税按月预缴的要求结转“本年利润”账户前填制“企业所得税按月(季)度预缴纳税申报表(A 类)(简易)”，计算并结转本月应交企业所得税税额；同时结转所得税费用至“本年利润”账户。**账务处理要求与提示如下：**❶ 根据“企业所得税按月(季)度预缴纳税申报表(A 类)(简易)”编制结转应交所得税及所得税费用的记账凭证(转 30，附件 1 张)，**借记“所得税费用”账户，贷记“应交税费——应交所得税”账户**；同时，编制结转所得税费用至“本年利润”账户的记账凭证(转 31，附件 1 张)，**借记“本年利润”账户，贷记“所得税费用”账户**。❷ 根据记账凭证登记“应交税费——应交所得税”“所得税费用”和“本年利润”明细账。❸ 对“应交税费——应交所得税”和“所得税费用”明细账进行结账，包括结转下年和画线封账。

企业所得税
优惠政策解读

业务 67：**进行年度利润分配**。年末，按照《公司法》的规定和董事会的决定进行利润分配，包括提取法定盈余公积和向投资者分配利润。**账务处理要求与提示：**❶ 查阅“本年利润”账户的记录，截至对本年利润进行分配前，该账户有贷方余额 523 500 元(全年净利润)，按照《公司法》的规定提取法定盈余公积，按照董事会的决定向投资者实际分配利润 4 000 000 元，根据实收资本比例进行利润分配，编制“可供分配利润计算及利润分配表”。❷ 根据“可供分配利润计算及利润分配表”编制记账凭证(转 32，附件 1 张)并登记有关明细账，**借记“利润分配——提取法定盈余公积”“利润分配——应付利润”账户，贷记“盈余公积——法定盈余公积”“应付股利——港城投资”“应付股利——海虹机械”账户**。❸ 对“盈余公积”和“应付股利”账户所属明细账进行结账，包括结转下年和画线封账。

业务 68：**计算并结转已实现和已分配利润，计算未分配利润**。31 日（期末），结转净利润和已分配利润，计算并结转未分配利润。**账务处理要求与提示**：❶ 根据“本年利润”和“利润分配”账户的记录，编制“利润结转及未分配利润计算表”，计算本年度累计未分配利润。❷ 根据“利润结转及未分配利润计算表”，编制结转本年已实现净利润的记账凭证（转 33，附件 1 张）并登记有关明细账户，**借记“本年利润”账户，贷记“利润分配——未分配利润”账户**。❸ 编制结转已分配利润的记账凭证（转 34，附件 1 张）并登记有关明细账户，**借记“利润分配——未分配利润”账户，贷记“利润分配——提取法定盈余公积”“利润分配——应付利润”账户**。❹ 对“本年利润”和“利润分配”明细账进行结账，包括结转下年和画线封账。

账务处理到第 68 笔业务为止，应编制第三张“科目汇总表”（第 55—68 笔业务）

三、财务报表编制的要求与提示

编制财务报表。根据账簿记录编制财务报表。包括：❶ 编制“试算平衡表”。❷ 编制“资产负债表”。❸ 编制“利润表”。

业务 69：**总分类账户发生额及余额试算平衡表的编制**。**提示与要求**：❶ 在编制财务报表前，应先对所有总账和明细账进行本期发生额和期末余额“结账”（先用铅笔进行草结）。特别注意：债权债务结算类账户明细账与资本类账户明细账已经逐笔结出余额，不需要进行“月结”合计，只需在各月最后一笔业务的下一行画单红线即可；损益类账户明细账的月度结账还需进行“本年累计”，然后，按照平行登记的要求进行总账和明细账核对。❷ 在核对无误的基础上，根据全部总账账户“月结”的金额编制“总账账户本期发生额及余额试算平衡表”。❸ 在试算平衡的基础上，对所有的总账账户进行月度结账和年度结账并画线封账。

业务 70：**编制资产负债表**。**提示与要求**：根据“总账账户本期发生额及余额试算平衡表”中有关资产、负债及所有者权益类账户的“期末余额”栏数字，参考有关明细账的资料，采用“直接填列法”和“分析填列法”填列“资产负债表”的“期末余额”栏。

业务 71：**编制“利润表”**。**提示与要求**：❶ 根据“总账账户本期发生额及余额试算平衡表”中有关损益类账户的“本期发生额”栏金额，结合有关明细账的发生额，填列“利润表”各项目的“本期金额”栏。❷ 根据各损益类账户的“本年累计”金额，按照利润表各项目的填制要求，填列利润表各项的“本年累计金额”栏。❸ 在实际工作中，“本年累计金额”是根据上月利润表的“本年累计金额”栏数字与本月利润表的“本期金额”数字相加后填列。（注：企业会计准则并不要求填写“本年累计金额”，而是填列“上期金额”，即上年同期金额。）

会计论道

囚徒困境——会计职业的明天更美好

两个犯罪嫌疑人被警察拘捕了。警察分别告诉他们，他们有三个选择：第一，死不认罪，最后也确实找不到他们犯罪的证据，这样他们将被无罪释放；第二，主动认罪并检举揭发同伴，只判 3 年有期徒刑；第三，自己死不认罪，但被同伙揭发并证明有罪，被判 10 年有期徒刑。被分开关押、分别提审的罪犯会选择哪一条路呢？绝大多数会选第二条。这是社会学、心理学中一个著名的论例：囚徒困境。

教授寄语：谁都不敢把自己的明天放在别人手中，做好职业规划把握好自己的命运，努力吧，同学们！

零容忍全覆盖、严惩资本大鳄

第四章　日常经济业务的账务处理及原始凭证

一、日常经济业务的账务处理流程与要求

日常经济业务，是指本月发生的除成本计算、期末经济业务和会计报表编制以外的经济业务。

该企业采用“科目汇总表账务处理程序”的要求。日常经济业务的账务处理流程和要求如下：

（1）**审核经济业务（原始凭证）**。审核员（会计主管）接到外来或自制的原始凭证后：❶ 对其进行合法性、合规性、合理性审核并签署审核意见。❷ 将审核无误的原始凭证按照业务顺序整理后递给制单会计。

（2）**编制记账凭证**。制单会计对经审核员（会计主管）审核无误的原始凭证：❶ 在空白记账凭证上编制会计分录并在记账凭证的“制单”处签名或盖章（**提示：**生产车间或部门领用材料的业务和产成品入库业务，不编制记账凭证）。❷ 将原始凭证粘贴在已填制完成的记账凭证后，并将其交给审核员（会计主管）。❸ 填写记账凭证右上角的编号。总号填写业务序号，分号分别“收”“付”“转”按照顺序编写。（**提示：**日常经济业务编制收款凭证 10 张、付款凭证 27 张、转账凭证 36 张。）

（3）**登记库存现金日记账和银行存款日记账**。出纳员接到审核员（会计主管）审核无误的收款凭证和付款凭证后：❶ 根据记账凭证逐日、逐笔登记库存现金日记账和银行存款日记账。❷ 在每一日最后一笔收付款业务登记完毕后，按日对日记账进行本日合计并结出余额。（**提示：**由于本书的库存现金收付款业务较少，可略去库存现金日记账“本日合计”这一步骤。）

（4）**登记明细账**。记账会计根据审核无误的记账凭证和有关原始凭证登记有关明细账，其中：❶“原材料明细账”的登记依据为“收料单”和“领料单”，“凭证字号”栏的“字”应填写“收”字或“领”字，“号”应填写“收料单”或“领料单”右上角的编号。❷“库存商品明细账”的登记依据为“产品入库单”和“产品出库单”，“凭证字号”栏的“字”应填写“入”字或“出”字，“号”应填写“产品入库单”或“产品出库单”右上角的编号。❸“原材料明细账”和“库存商品明细账”应逐笔结出结存数量。❹ 其余明细账的登记依据为记账凭证，“凭证字号”栏应填写记账凭证右上角的编号，分别为：收 1、收 2，……；付 1、付2、……；转 1、转 2、……。

（5）**编制“科目汇总表”**。本企业分上半月、下半月和期末转账业务编制 3 张“科目汇总表”，当每半月的日常经济业务及期末转账业务填制完记账凭证后，主管会计应对其记账凭证进行汇总，编制“科目汇总表”。

（6）**登记总分类账**。记账会计根据“科目汇总表”登记总账。其中：❶ 凭证字号为：“科汇 1”“科汇 2”和“科汇 3”。❷ 在总账的“摘要”栏应分别填写：“上半月发生额”“下半月发生额”和“期末转账业务”字样。

二、12 月 1—15 日日常经济业务的原始凭证

业务 1－3－1

ICBC 中国工商银行 进账单 （收账通知） 3

2023 年 12 月 01 日

出票人	全　称	东海市欣欣食品店	收款人	全　称	东海市童莉食品公司
	账　号	6805360048125		账　号	23004500670089
	开户银行	中国建设银行东海市分行		开户银行	中国工商银行东海市支行
金额	人民币（大写）	玖拾柒万肆仟零陆拾元整		亿千百十万千百十元角分	¥ 9 7 4 0 6 0 0 0
票据种类	转账支票	票据张数	1		
票据号码	14025112				
		复核　记账		收款人开户银行签章	

此联是收款人开户银行交给收款人的收账通知

（印章：中国工商银行东海市支行 2023年12月01日 转讫）

业务 1－3－2

电子发票（增值税专用发票）

（印章：全国统一发票监制章 国家税务总局 东海市税务局）

发票号码：23311002000034001324

开票日期：2023 年 12 月 01 日

购买方信息 名称：东海市欣欣食品店 统一社会信用代码/纳税人识别号： 91310020384957625X	销售方信息 名称：东海市童莉食品公司 统一社会信用代码/纳税人识别号： 91310020124321010A

项目名称	规格型号	单位	数量	单价	金额	税率/征收率	税额
*饼干*装饰饼干		盒	3 600	150.00	540 000.00	13%	70 200.00
*饼干*蛋圆饼干		盒	2 300	140.00	322 000.00	13%	41 860.00
合　计					¥862 000.00		¥112 060.00

价税合计（大写）	⊗玖拾柒万肆仟零陆拾元整	（小写）¥974 060.00
备注		

开票人：刘宏远

业务 1－3－3

东海市童莉食品公司　产品出库单

仓库：成品库

购货单位：东海市欣欣食品店　　2023 年 12 月 01 日　　编号：321

产品编号	规格	产品名称	计量单位	数量 应发	数量 实发	单位成本/元	金额/元	备　注
（略）	（略）	装饰饼干	盒	3 600	3 600			
（略）	（略）	蛋圆饼干	盒	2 300	2 300			

二 财务联

供销主管：莫发愁　　保管员：甄仔细　　记账：高桂格　　制单：严尧秋

业务 2－4－1

东海市童莉食品公司　付款（报账）审批单

部门：供销科　　　　2023 年 12 月 01 日

经手人	艾笑寿	事　由	购鸡蛋冲销预付账款
项目名称	金　额	付款（结算）方式	备　注
材料采购	271 410.00	冲销预付货款	上月按照合同已预付货款 271 410元。
合　计	￥271 410.00		
单位负责人审批	财务主管	部门领导	出纳员
同意。 药童莉	同意。 李一凡	同意。 莫发愁	富友理

附单据 2 张

业务 2－4－2

电子发票（增值税专用发票）

自产农产品销售

发票号码：23371000050034004218

开票日期：2023 年 11 月 27 日

购买方信息	名称：东海市童莉食品公司 统一社会信用代码/纳税人识别号： 9131002012432101 0A	销售方信息	名称：济南市国立养鸡场 统一社会信用代码/纳税人识别号： 91370118415821600B

项目名称	规格型号	单位	数量	单价	金额	税率/征收率	税额
*禽类及其制品*蛋类*鸡蛋		千克	15 000	16.00	240 000.00	9%	21 600.00
合　计					￥240 000.00		￥21 600.00
价税合计（大写）	⊗贰拾陆万壹仟陆佰元整				（小写）￥261 600.00		
备注							

开票人：郭有理

业务 2－4－3

电子发票（增值税专用发票）

货物运输服务

发票号码：23371000005038004369

开票日期：2023 年 11 月 27 日

购买方信息	名称：东海市童莉食品公司 统一社会信用代码/纳税人识别号： 91310020124321010A	销售方信息	名称：济南市远程物流公司 统一社会信用代码/纳税人识别号： 91370106354681E427

项目名称	单位	数量	单价	金额	税率/征收率	税额
*陆路运输*其他陆路运输	吨公里	6 000	1.50	9 000.00	9%	810.00
合　计				￥9 000.00		￥810.00

运输工具种类	运输工具牌号	起运地	到达地	运输货物名称
大卡车	鲁 A28056	济南市	东海市	鸡蛋

价税合计（大写）	⊗玖仟捌佰壹拾元整	（小写）￥9 810.00
备注	济南市国立养鸡场代垫运费。	

开票人：刘月美

业务 2-4-4

东海市童莉食品公司　收料单

供货单位：济南市国立养鸡场　　编号：201

2023 年 12 月 01 日　　仓库：第二仓库

材料类别	材料编号	材料名称	计量单位	数量		实际成本/元				备注
				应收	实收	发票价格	采购费用	合计	单价	
（略）	（略）	鸡蛋	千克	15 000	15 000	240 000	9 000	249 000	16.60	
合计						240 000	9 000	249 000		

二 财务联

仓库保管员：李文英　验收：高桂格　记账：王格平　制单：严尧秋

业务 3-2-1

东海市童莉食品公司　付款（报账）审批单

部门：财务科　　2023 年 12 月 01 日

经手人	管望来	事由	偿还上月欠河东养鸡场货款
项目名称	金额	付款（结算）方式	备注
偿还前欠货款	226 000.00	企业网银	
合计	¥226 000.00		
单位负责人审批	财务主管	部门领导	出纳员
同意。药童莉	同意。李一凡	同意。莫发愁	富友理

附单据 2 张

业务 3-2-2

ICBC 中国工商银行　业务回单（付款）

日期：2023 年 12 月 01 日　　回单编号：18008000023

付款人户名：东海市童莉食品公司		付款人开户行：中国工商银行东海市支行
付款人账号（卡号）：23004500670089		
收款人户名：东海市河东养鸡场		收款人开户行：中国工商银行东海市支行
收款人账号（卡号）：2400360046208		
金额：贰拾贰万陆仟元整		小写：226 000.00 元
业务（产品）种类：结算业务凭证	凭证种类：000000000	凭证号码：0000000000000000
摘要：偿还前欠货款	用途：转账	币种：人民币
交易机构：04100000292	记账柜员：03741	交易代码：52108　渠道：柜面
产品名称	费用名称	
应付金额：226 000.00 元	实付金额：226 000.00 元	收费渠道：其他
本回单为第一次打印，注意重复	打印日期：2023 年 12 月 01 日	打印柜员：8　验证码：DA45340EF025

中国工商银行东海市支行 业务专用章 （1）

业务 4-4-1

东海市童莉食品公司　领料单

领料单位：生产车间　　　　　　　　　　　　　　编　号：101

领料用途：装饰饼干生产　　2023 年 12 月 01 日　　发料仓库：第一仓库

材料类别	材料编号	材料名称	计量单位	数量		单价	金额/元
				请领	实发		
（略）	（略）	小麦粉	千克	27 000	27 000		
（略）	（略）	白砂糖	千克	16 000	16 000		

二 财务联

仓库保管员：刘建涛　　领料人：王明亮　　记账：王格平

业务 4-4-2

东海市童莉食品公司　领料单

领料单位：生产车间　　　　　　　　　　　　　　编　号：102

领料用途：蛋圆饼干生产　　2023 年 12 月 01 日　　发料仓库：第一仓库

材料类别	材料编号	材料名称	计量单位	数量		单价	金额/元
				请领	实发		
（略）	（略）	小麦粉	千克	13 000	13 000		
（略）	（略）	白砂糖	千克	5 200	5 200		

二 财务联

仓库保管员：刘建涛　　领料人：张国政　　记账：王格平

业务 4-4-3

东海市童莉食品公司　领料单

领料单位：生产车间　　　　　　　　　　　　　　编　号：201

领料用途：装饰饼干生产　　2023 年 12 月 01 日　　发料仓库：第二仓库

材料类别	材料编号	材料名称	计量单位	数量		单价	金额/元
				请领	实发		
（略）	（略）	鸡蛋	千克	10 000	10 000		
（略）	（略）	橄榄油	千克	2 700	2 700		
（略）	（略）	方铁盒	个	11 000	11 000		

二 财务联

仓库保管员：李文英　　领料人：王明亮　　记账：王格平

业务 4-4-4

东海市童莉食品公司　领料单

领料单位：生产车间　　　　　　　　　　　　　　　　编　号：202

领料用途：蛋圆饼干生产　　2023 年 12 月 01 日　　发料仓库：第二仓库

材料类别	材料编号	材料名称	计量单位	数量		单价	金额/元
				请领	实发		
（略）	（略）	鸡蛋	千克	7 800	7 800		
（略）	（略）	橄榄油	千克	2 600	2 600		
（略）	（略）	方铁盒	个	7 350	7 350		

二 财务联

仓库保管员：李文英　　领料人：张国政　　记账：王格平

业务 5-5-1

东海市童莉食品公司　付款（报账）审批单

部门：供销科　　2023 年 12 月 03 日

经手人	艾笑寿	事　由	支付郑州市宏远面粉厂货款
项目名称	金　额	付款（结算）方式	备　注
材料采购	289 395.00	企业网银	
合　计	￥289 395.00		
单位负责人审批	财务主管	部门领导	出纳员
同意。药童莉	同意。李一凡	同意。莫发愁	富友理

附单据 2 张

业务 5-5-2

电子发票（增值税专用发票）

发票号码：23411003000034005687

开票日期：2023 年 12 月 03 日

购买方信息	名称：东海市童莉食品公司 统一社会信用代码/纳税人识别号： 91310020124321010A	销售方信息	名称：郑州市宏远面粉厂 统一社会信用代码/纳税人识别号： 914101184158AB2161

项目名称	规格型号	单位	数量	单价	金额	税率/征收率	税额
*粮食加工品*小麦粉		千克	50 000	5.21	260 500.00	9%	23 445.00
合　计					￥260 500.00		￥23 445.00

价税合计（大写）　⊗贰拾捌万叁仟玖佰肆拾伍元整　　（小写）￥283 945.00

备注：

开票人：徐杨帆

业务 5－5－3

电子发票（增值税专用发票）

货物运输服务

发票号码：23411000000039006958

开票日期：2023 年 12 月 03 日

购买方信息	名称：东海市童莉食品公司 统一社会信用代码/纳税人识别号： 91310020124321010A	销售方信息	名称：郑州市顺畅物流公司 统一社会信用代码/纳税人识别号： 91410112784BE3852M

项目名称	单位	数量	单价	金额	税率/征收率	税额
*陆路运输*其他陆路运输	吨公里	6 250	0.80	5 000.00	9%	450.00
合　计				￥5 000.00		￥450.00

运输工具种类	运输工具牌号	起运地	到达地	运输货物名称
大卡车	豫 A38650	郑州市	东海市	小麦粉

价税合计（大写）⊗伍仟肆佰伍拾元整　（小写）￥5 450.00

备注

开票人：王月霞

（印章：全国统一发票监制章 国家税务总局 东海市税务局）

业务 5－5－4

ICBC 中国工商银行　业务回单（付款）

日期：2023 年 12 月 03 日　　回单编号：18008000028

付款人户名：东海市童莉食品公司　　付款人开户行：中国工商银行东海市支行

付款人账号（卡号）：23004500670089

收款人户名：郑州市宏远面粉厂　　收款人开户行：中国工商银行郑州市分行

收款人账号（卡号）：660044790066

金额：贰拾捌万玖仟叁佰玖拾伍元整　　小写：289 395.00 元

业务（产品）种类：结算业务凭证　　凭证种类：000000000　　凭证号码：000000000000000000

摘要：支付货款　　用途：转账　　币种：人民币

交易机构：04100000292　　记账柜员：03741　　交易代码：02108　　渠道：柜面

本回单为第一次打印，注意重复　　打印日期：2023 年 12 月 03 日　　打印柜员：8　　验证码：DA45340EF048

（印章：中国工商银行东海市支行 业务专用章（1））

业务 5－5－5

东海市童莉食品公司　收料单

编号：101

供货单位：郑州市宏远面粉厂　　2023 年 12 月 03 日　　仓库：第一仓库

材料类别	材料编号	材料名称	计量单位	数量		实际成本/元				备注
				应收	实收	发票价格	采购费用	合计	单价	
（略）	（略）	小麦粉	千克	50 000	50 000	260 500	5 000	265 500	5.31	
合　计						260 500	5 000	265 500		

二 财务联

仓库保管员：刘建涛　　验收：高桂格　　记账：王格平　　制单：严尧秋

业务 6

东海市童莉食品公司　收料单

编号：202

供货单位：南京市华荣金属公司　　2023 年 12 月 03 日　　仓库：第二仓库

材料类别	材料编号	材料名称	计量单位	数量		实际成本/元				备注
				应收	实收	发票价格	采购费用	合计	单价	
（略）	（略）	方铁盒	个	22 000	22 000	220 000		220 000	10.00	在途材料验收入库
合计						220 000		220 000		

二 财务联

在途材料验收入库

仓库保管员：李文英　验收：高桂格　记账：王格平　制单：严尧秋

业务 7-4-1

东海市童莉食品公司　付款（报账）审批单

部门：供销科　　2023 年 12 月 05 日

经手人	艾笑寿	事由	采购白砂糖并申请签发商业汇票
项目名称	金额	付款（结算）方式	备注
材料采购	881 400.00	商业承兑汇票	运费由销货方负担。
合计	￥881 400.00		
单位负责人审批	财务主管	部门领导	出纳员
同意。 药童莉	同意。 李一凡	同意。 莫发愁	

附单据 2 张

业务 7-4-2

电子发票（增值税专用发票）

全国统一发票监制章　国家税务总局　广西壮族自治区税务局

发票号码：23451003000034007865

开票日期：2023 年 12 月 05 日

购买方信息	名称：东海市童莉食品公司 统一社会信用代码/纳税人识别号： 9131002012432101CA			销售方信息	名称：广西北海市田甜制糖公司 统一社会信用代码/纳税人识别号： 9145051841582B6006		
项目名称	规格型号	单位	数量	单价	金额	税率/征收率	税额
*食糖*糖*白砂糖		千克	50 000	15.60	780 000.00	13%	101 400.00
合计					￥780 000.00		￥101 400.00
价税合计（大写）	⊗捌拾捌万壹仟肆佰元整				（小写）￥881 400.00		
备注							

商业承兑汇票

开票人：张凤帆

业务 7－4－3

东海市童莉食品公司　收料单

供货单位：广西北海市田甜制糖公司　　编号：102

2023 年 12 月 05 日　　仓库：第一仓库

材料类别	材料编号	材料名称	计量单位	数量		实际成本/元				备注
				应收	实收	发票价格	采购费用	合计	单价	
（略）	（略）	白砂糖	千克	50 000	50 000	780 000		780 000	15.60	
合计						780 000		780 000		

二 财务联

仓库保管员：刘建涛　　验收：高桂格　　记账：王格平　　制单：严尧秋

业务 7－4－4

商业承兑汇票（卡片）　1

10202160
00800369

出票日期（大写）贰零贰叁年壹拾贰月零伍日

付款人	全称	东海市童莉食品公司	收款人	全称	广西北海市田甜制糖公司
	账号	23004500670089		账号	242007790132
	开户银行	中国工商银行东海市支行		开户银行	中国工商银行北海市分行
出票金额	人民币（大写）	捌拾捌万壹仟肆佰元整	亿 千 百 十 万 千 百 十 元 角 分		¥ 8 8 1 4 0 0 0 0
汇票到期日（大写）	贰零贰肆年零陆月零伍日		付款人开户行	行号	105603000606
交易合同号码	H2017 3849			地址	东海市建设路 180 号
出票人签章			备注：		

此联由承兑人存查

（印章：药莉童印；东海市童莉食品公司 财务专用章）

业务 8－2－1

电子发票（增值税专用发票）

（印章：全国统一发票监制章 国家税务总局 东海市税务局）

发票号码：23311002000034006325
开票日期：2023 年 12 月 05 日

购买方信息　名称：东海市光华商场
统一社会信用代码/纳税人识别号：9131002038495386XW

销售方信息　名称：东海市童莉食品公司
统一社会信用代码/纳税人识别号：91310020124321010A

（印章：货款未收）

项目名称	规格型号	单位	数量	单价	金额	税率/征收率	税额
*饼干*装饰饼干		盒	3 200	150.00	480 000.00	13%	62 400.00
*饼干*蛋圆饼干		盒	2 300	140.00	322 000.00	13%	41 860.00
合计					¥802 000.00		¥104 260.00

价税合计（大写）　⊗玖拾万陆仟贰佰陆拾元整　（小写）¥906 260.00

备注：购货方承诺月底付款。

开票人：刘宏远

业务 8－2－2

东海市童莉食品公司　产品出库单

仓库：成品库

购货单位：东海市光华商场　　2023 年 12 月 05 日　　编号：322

产品编号	规格	产品名称	计量单位	数量		单位成本	金额/元	备　注
				应发	实发			
（略）	（略）	装饰饼干	盒	3 200	3 200			赊销
（略）	（略）	蛋圆饼干	盒	2 300	2 300			

二 财务联

供销主管：莫发愁　保管员：甄仔细　记账：高桂格　制单：严尧秋

业务 9－2－1

东海市童莉食品公司　付款（报账）审批单

部门：供销科　　2023 年 12 月 07 日

经手人	艾笑寿	事　由	申请预付购货款
项目名称	金　额	付款（结算）方式	备　注
预付货款	367 400.00	企业网银	购济南市国立养鸡场鸡蛋
合　计	367 400.00		
单位负责人审批	财务主管	部门领导	出纳员
同意。药童莉	同意。李一凡	同意。莫发愁	富友理

附单据 2 张

业务 9－2－2

ICBC 中国工商银行　业务回单（付款）

日期：　2023 年 12 月 07 日　　回单编号：18008000032

付款人户名：东海市童莉食品公司　　付款人开户行：中国工商银行东海市支行
付款人账号（卡号）：23004500670089
收款人户名：济南市国立养鸡场　　收款人开户行：中国工商银行济南市支行
收款人账号（卡号）：242217790032
金额：叁拾陆万柒仟肆佰元整　　小写：367 400.00 元
业务（产品）种类：结算业务凭证　凭证种类：000000000　凭证号码：000000000000000000
摘要：预付购货款　用途：转账　币种：人民币
交易机构：04100000292　记账柜员：03741　交易代码：02108　渠道：柜面
本回单为第一次打印，注意重复　打印日期：2023 年 12 月 07 日　打印柜员：8　验证码：DA45340EF081

中国工商银行东海市支行 业务专用章 （1）

业务 10

东海市童莉食品公司　产品入库单

交库单位：生产车间　　2023 年 12 月 07 日　　仓库：成品库　编号：311

产品编号	规格	产品名称	计量单位	数量		单位成本	总成本/元	备注
				送检	实收			
（略）	（略）	装饰饼干	盒	8 000	8 000			完工入库
（略）	（略）	蛋圆饼干	盒	5 500	5 500			

二 财务联

车间主管：高安全　保管员：甄仔细　记账：高桂格　制单：严尧秋

业务 11－3－1

电子发票（增值税专用发票）

全国统一发票监制章 国家税务总局 东海市税务局

发票号码：23311002000034006326

开票日期：2023 年 12 月 07 日

购买方信息	名称：沈阳市欢喜食品店 统一社会信用代码/纳税人识别号： 9121002037495386XW	销售方信息	名称：东海市童莉食品公司 统一社会信用代码/纳税人识别号： 91310020124321010A

项目名称	规格型号	单位	数量	单价	金额	税率/征收率	税额
＊饼干＊装饰饼干		盒	3 900	150.00	585 000.00	13%	76 050.00
＊饼干＊蛋圆饼干		盒	2 600	140.00	364 000.00	13%	47 320.00
合　计					¥949 000.00		¥123 370.00
价税合计（大写）	⊗壹佰零柒万贰仟叁佰柒拾元整				（小写）¥1 072 370.00		
备注							

商业承兑汇票

开票人：刘宏远

业务 11－3－2

商业承兑汇票　2

10202160
00800371

出票日期（大写）贰零贰叁年壹拾贰月零柒日

付款人	全　称	沈阳市欢喜食品店	收款人	全　称	东海市童莉食品公司
	账　号	2900360048360		账　号	23004500670089
	开户银行	中国工商银行沈阳市明星路支行		开户银行	中国工商银行东海市支行
出票金额	人民币（大写）	壹佰零柒万贰仟叁佰柒拾元整		亿千百十万千百十元角分	¥ 1 0 7 2 3 7 0 0 0
汇票到期日（大写）		贰零贰肆年零肆月零柒日	付款人开户行	行号	380011457
交易合同号码				地址	沈阳市明星路 388 号
本汇票已经承兑，到期无条件付款。承兑人签章　承兑日期 2023 年 12 月 07 日			本汇票请予以承兑，并于到期日付款。出票人签章		

沈阳市欢喜食品店 财务专用章　张喜欢印

复印件与原件核对一致

此联持票人开户行随托收凭证寄付款人开户行作借方凭证附件

业务 11－3－3

东海市童莉食品公司　产品出库单

仓库：成品库

购货单位：沈阳市欢喜食品店　　2023 年 12 月 07 日　　编号：323

产品编号	规格	产品名称	计量单位	数量 应发	数量 实发	单位成本	金额/元	备注
（略）	（略）	装饰饼干	盒	3 900	3 900			货物由对方自提。
（略）	（略）	蛋圆饼干	盒	2 600	2 600			

二 财务联

供销主管：莫发愁　保管员：甄仔细　记账：高桂格　制单：严尧秋

业务 12－5－1

东海市童莉食品公司　付款（报账）审批单

部门：供销科　　2023 年 12 月 07 日

经手人	艾笑寿	事由	申请签发购货商业承兑汇票
项目名称	金额	付款（结算）方式	备注
材料采购	235 440.00	商业承兑汇票	对方代垫运费 材料已验收入库
合计	￥235 440.00		
单位负责人审批	财务主管	部门领导	出纳员
同意。 约童莉	同意。 李一凡	同意。 莫发愁	

附单据 2 张

业务 12－5－2

电子发票（增值税专用发票）

全国统一发票监制章 国家税务总局 浙江省税务局

发票号码：23331003001034005687

开票日期：2023 年 12 月 05 日

购买方信息	名称：东海市童莉食品公司 统一社会信用代码/纳税人识别号： 91310020124321010A	销售方信息	名称：杭州市盛达油脂公司 统一社会信用代码/纳税人识别号： 91330125311310102E

项目名称	规格型号	单位	数量	单价	金额	税率/征收率	税额
*食用植物油*橄榄油		千克	12 000	17.00	204 000.00	9%	18 360.00
合计					￥204 000.00		￥18 360.00
价税合计（大写）	⊗贰拾贰万贰仟叁佰陆拾元整				（小写）￥222 360.00		
备注							

开票人：郭世达

业务 12－5－3

电子发票（增值税专用发票）

货物运输服务

发票号码：23331000005039004210

开票日期：2023 年 12 月 05 日

购买方信息	名称：东海市童莉食品公司 统一社会信用代码/纳税人识别号： 91310020124321010A	销售方信息	名称：杭州市鸿运物流公司 统一社会信用代码/纳税人识别号： 9133010635146DT38M

项目名称	单位	数量	单价	金额	税率/征收率	税额
*陆路运输*其他陆路运输	吨公里	12 000	1.00	12 000.00	9%	1 080.00
合　计				￥12 000.00		￥1 080.00

运输工具种类	运输工具牌号	起运地	到达地	运输货物名称
大卡车	浙 A26054	杭州市	东海市	橄榄油

价税合计（大写）ⓧ壹万叁仟零捌拾元整　（小写）￥13 080.00

备注：

开票人：刘美娣

业务 12－5－4

东海市童莉食品公司　收料单

编号：203

供货单位：杭州市盛达油脂公司　2023 年 12 月 07 日　仓库：第二仓库

材料类别	材料编号	材料名称	计量单位	数量		实际成本/元				备注
				应收	实收	发票价格	采购费用	合计	单价	
（略）	（略）	橄榄油	千克	12 000	12 000	204 000	12 000	216 000	18.00	
合　计						204 000	12 000	216 000		

二 财务联

仓库保管员：李文英　验收：高桂格　记账：王格平　制单：严尧秋

业务 12－5－5

商业承兑汇票（卡片）

1　10202160　00800386

出票日期（大写）贰零贰叁年壹拾贰月零柒日

付款人	全称	东海市童莉食品公司	收款人	全称	杭州市盛达油脂公司
	账号	23004500670089		账号	442007790086
	开户银行	中国工商银行东海市支行		开户银行	中国工商银行杭州市分行
出票金额	人民币（大写）	贰拾叁万伍仟肆佰肆拾元整		亿 千 百 十 万 千 百 十 元 角 分	￥ 2 3 5 4 4 0 0 0
汇票到期日（大写）		贰零贰肆年零陆月零柒日	付款人开户行	行号	105603000606
交易合同号码				地址	东海市建设路 180 号
出票人签章			备注		

此联由承兑人存查

（印章：东海市童莉食品公司 财务专用章；童莉印）

业务 13

ICBC 中国工商银行 业务回单（收款）

日期： 2023 年 12 月 07 日　　回单编号：18008000045

付款人户名：兰州市红星商场		付款人开户行：中国工商银行兰州市分行
付款人账号（卡号）：2400620048378		
收款人户名：东海市童莉食品公司		收款人开户行：中国工商银行东海市支行
收款人账号（卡号）：23004500670089		
金额：柒拾叁万壹仟伍佰贰拾元整		小写：731 520.00 元
业务（产品）种类：结算业务凭证	凭证种类：000000000	凭证号码：0000000000000000
摘要：收到上月欠货款	用途：转账	币种：人民币
交易机构：04100000292	记账柜员：03741	交易代码：02108 渠道：柜面
本回单为第一次打印，注意重复	打印日期：2023 年 12 月 07 日	打印柜员：8 验证码：DA45340EF110

中国工商银行东海市支行 业务专用章 （1）

业务 14

ICBC 中国工商银行 业务回单（收款）

日期： 2023 年 12 月 09 日　　回单编号：18008000055

付款人户名：东海市光华商场		付款人开户行：中国交通银行东海市分行
付款人账号（卡号）：2900860048950		
收款人户名：东海市童莉食品公司		收款人开户行：中国工商银行东海市支行
收款人账号（卡号）：23004500670089		
金额：叁拾捌万壹仟元整		小写：381 000.00 元
业务（产品）种类：结算业务凭证	凭证种类：000000000	凭证号码：0000000000000000
摘要：光华商场偿还前欠货款	用途：转账	币种：人民币
交易机构：04100000292	记账柜员：03741	交易代码：02108 渠道：柜面
本回单为第一次打印，注意重复	打印日期：2023 年 12 月 09 日	打印柜员：8 验证码：DA45340EF118

中国工商银行东海市支行 业务专用章 （1）

业务 15－3－1

东海市童莉食品公司　付款（报账）审批单

部门：供销科　　2023 年 12 月 09 日

经手人	艾笑寿	事　由	赊购东海市河东养鸡场鸡蛋
项目名称	金　额	付款（结算）方式	备　注
材料采购	361 880.00	赊购	货款与对方商妥下月支付。
合　计	￥361 880.00		
单位负责人审批	财务主管	部门领导	出纳员
同意。 药童莉	同意。 李一凡	同意。 莫发愁	

附单据 2 张

业务 15－3－2

东海市童莉食品公司　　收料单

编号：204

供货单位：东海市河东养鸡场　　　2023 年 12 月 09 日　　　仓库：第二仓库

材料类别	材料编号	材料名称	计量单位	数量		实际成本/元				备注
				应收	实收	发票价格	采购费用	合计	单价	
（略）	（略）	鸡蛋	千克	20 000	20 000	332 000		332 000	16.60	货款下月支付
合计						332 000		332 000		

二 财务联

仓库保管员：李文英　　验收：高桂格　　记账：王格平　　制单：严尧秋

业务 15－3－3

电子发票（增值税专用发票）

农产品收购

（全国统一发票监制章 国家税务总局 东海市税务局）

发票号码：23311000050034005218

开票日期：2023 年 12 月 09 日

购买方信息	名称：东海市童莉食品公司 统一社会信用代码/纳税人识别号： 91310020124321010A	销售方信息	名称：东海市河东养鸡场 统一社会信用代码/纳税人识别号： 913101184185216WH4

项目名称	规格型号	单位	数量	单价	金额	税率/征收率	税额
*禽类及其制品*蛋类*鸡蛋		千克	20 000	16.60	332 000.00	9%	29 880.00
合计					￥332 000.00		￥29 880.00
价税合计（大写）	⊗叁拾陆万壹仟捌佰捌拾元整				（小写）￥361 880.00		
备注							

（货款未付）

开票人：郭有理

业务 16－5－1

东海市童莉食品公司　　差旅费报销单

2023 年 12 月 09 日

姓名			艾笑寿		出差事由		参加西安市港城新产品展销会		
启程日期及地点			到达日期及地点		发票信息				
月	日	地点	月	日	地点	旅客运输	价款	税额	金额合计
11	30	东海市	11	30	西安市	飞机	2 450.00	216.00	2 666.00
11	30	西安市	11	30	港城	高铁	200.00	18.00	218.00
12	05	西安市	12	05	东海市	飞机	2 450.00	216.00	2 666.00
住宿地点：港城童话大酒店			住宿天数：5			住宿服务	1 800.00	108.00	1 908.00
小计							6 900.00	558.00	7 458.00
出差补助天数：6 天			市内交通包干：480.00 元		伙食费补助：720.00 元				1 200.00
合计									8 658.00
实报金额		人民币（大写）	捌仟陆佰伍拾捌元整				￥8 658.00		
预借金额：￥8 000.00				应退金额：￥			应补金额：￥658		

报销人签字：艾笑寿　　负责人签章：刘彩购　　出纳员签章：富有理

业务 16－5－2

电子发票（增值税专用发票）

旅客运输服务

（印章：全国统一发票监制章 国家税务总局 陕西省税务局）

发票号码：22611000400060523228

开票日期：2023 年 11 月 30 日

购买方信息	名称：东海市童莉食品公司 统一社会信用代码/纳税人识别号： 91310020124321010A	销售方信息	名称：中国铁路西安局集团有限公司 统一社会信用代码/纳税人识别号： 91610000623110601A

项目名称	单位	数量	单价	金额	税率/征收率	税额
*运输服务*客票款	人	1	200.00	200.00	9%	18.00
合　计				￥200.00		￥18.00

出行人	有效身份证件号	出行日期	出发地	到达地	等级	交通工具类型
艾笑寿	1401021998****022X	2023－11－30	西安市	港城	一等	高铁

价税合计（大写）⊗贰佰壹拾捌元整　（小写）￥218.00

备注：

开票人：高铁柱

业务 16－5－3

电子发票（增值税专用发票）

旅客运输服务

（印章：全国统一发票监制章 国家税务总局 广东省税务局）

发票号码：22441003000069523242

开票日期：2023 年 11 月 30 日

购买方信息	名称：东海市童莉食品公司 统一社会信用代码/纳税人识别号： 91310020124321010A	销售方信息	名称：中国南方航空股份有限公司 统一社会信用代码/纳税人识别号： 91440000100001760N

项目名称	单位	数量	单价	金额	税率/征收率	税额
*运输服务*客票款	人	1	2 200.00	2 200.00	9%	198.00
*代收民航发展基金*民航发展基金	人	1	50.00	50.00	不征税	***
*运输服务*客运燃油附加费	人	1	200.00	200.00	9%	18.00
合　计				￥2 450.00		￥216.00

出行人	有效身份证件号	出行日期	出发地	到达地	等级	交通工具类型
艾笑寿	14C1021998****022X	2023－11－30	东海市	西安市	经济舱	飞机

价税合计（大写）⊗贰仟陆佰陆拾陆元整　（小写）￥2 666.00

备注：

开票人：高越男

业务 16－5－4

电子发票（增值税专用发票）

全国统一发票监制章 国家税务总局 陕西省税务局

发票号码：23641090000028001212

开票日期：2023 年 12 月 05 日

购买方信息	名称：东海市童莉食品公司 统一社会信用代码/纳税人识别号： 91310020124321010A	销售方信息	名称：港城童话大酒店 统一社会信用代码/纳税人识别号： 91640106301454785A

项目名称	规格型号	单位	数量	单价	金额	税率/征收率	税额
*餐饮住宿服务*住宿费		天	5	360.00	1 800.00	6%	108.00
合　计					¥1 800.00		¥108.00
价税合计（大写）	⊗壹仟玖佰零捌元整						（小写）¥1 908.00
备注							

开票人：杨灿烂

业务 16－5－5

电子发票（增值税专用发票）

旅客运输服务

全国统一发票监制章 国家税务总局 广东省税务局

发票号码：23441000800069523287

开票日期：2023 年 12 月 05 日

购买方信息	名称：东海市童莉食品公司 统一社会信用代码/纳税人识别号： 91310020124321010A	销售方信息	名称：中国南方航空股份有限公司 统一社会信用代码/纳税人识别号： 91440000100017600N

项目名称	单位	数量	单价	金额	税率/征收率	税额
*运输服务*客票款	人	1	2 200.00	2 200.00	9%	198.00
*代收民航发展基金*民航发展基金	人	1	50.00	50.00	不征税	***
*运输服务*客运燃油附加费	人	1	200.00	200.00	9%	18.00
合　计				¥2 450.00		¥216.00

出行人	有效身份证件号	出行日期	出发地	到达地	等级	交通工具类型
艾笑寿	1401021998****022X	2023－12－05	西安市	东海市	经济舱	飞机

价税合计（大写）	⊗贰仟陆佰陆拾陆元整	（小写）¥2 666.00
备注		

开票人：高越男

业务 17－2－1

东海市童莉食品公司　付款（报账）审批单

部门：财务科

2023 年 12 月 09 日

经手人	管望来	事　由	支付到期商业承兑汇票款
项目名称	金　额	付款（结算）方式	备　注
应付票据	175 500.00	委托收款（付款通知）	
合　计	¥175 500.00		
单位负责人审批	财务主管	部门领导	出纳员
同意。 药童莉	同意。 李一凡	同意。 莫发愁	富友理

附单据 2 张

业务 17－2－2

中国工商银行 托收凭证（付款通知） 5 №

委托日期 2023 年 12 月 05 日　　付款期限 2023 年 12 月 09 日

业务类型	委托收款（☑邮划、☐电划）		托收承付（☐邮划、☐电划）			
付款人 全称	东海市壹莉食品公司		收款人 全称	广西北海市田甜制糖公司		
付款人 账号	23004500670089		收款人 账号	242007790132		
付款人 地址	省东海市/县	开户行：中国工商银行东海市支行	收款人 地址	广西省北海市/县	开户行：中国工商银行北海市分行	
金额 人民币（大写）	壹拾柒万伍仟伍佰元整			亿 千 百 十 万 千 百 十 元 角 分	¥ 1 7 5 5 0 0 0 0	
款项内容	应收票据款	托收凭据名称	商业承兑汇票 2	附寄单证张数	1	
商品发运情况		合同名称号码				
备注： 付款人开户银行收到日期： 2023 年 12 月 9 日 复核　记账	付款人开户银行签章 2023 年 12 月 9 日	付款人注意： 1. 根据支付结算办法，上列委托收款（托收承付）款项在付款期限内未提出拒付，即视为同意付款，以此代付款通知。 2. 如需提出全部或部分拒付，应在规定期限内，将拒付理由书并附债务证明退交开户银行。				

中国工商银行东海市支行 2023年12月09日 转讫

此联付款人开户银行给付款人按期付款通知

业务 18

电子缴款凭证

打印日期：2023 年 12 月 09 日　　№2023121542213502

纳税人识别号	913100402134560702	税务征收机关	国家税务总局东海市浦东税务局二所
纳税人名称	东海市永春机械公司	收款国库	国金金库东海市柳巷支库 022168
开户银行	中国工商银行股份有限公司东海市柳巷支行	银行账号	10230053124

系统税票号	税（费）种	税（品）目	所属时期	实缴金额	缴款日期
311016230100679014	增值税	有限责任公司增值税	20231116－20231130	146 920.00	20231209
311016230100679014	企业所得税	应纳税所得额	20231101－20231130	145 000.00	20231209
311016230100679014	城市维护建设税税	市区（增值税附加）	20231101－20231130	21 560.00	20231209
311016230100679014	教育费附加	增值税教育费附加	20231101－20231130	9 240.00	20231209
311016230100679014	地方教育附加	增值税地方教育附加	20231101－20231130	6 160.00	20231209
——以下空白——					
金额合计	（大写）叁拾贰万捌仟捌佰捌拾元整			¥328 880.00	

本缴款书仅作为纳税人记账核算凭证使用，需与银行对账单电子划款记录核对一致方可有效。纳税人需开具完税证明，请凭税务登记证和有效身份证明，到主管税务机关开具《税收完税证明》。

税务机关（电子章）

电子签名串：

国家税务总局东海市浦东税务局 征税专用章

第 1 页/共 1 页　　第一次打印

业务 19－3－1

东海市童莉食品公司　付款（报账）审批单

部门：供销科　　2023 年 12 月 11 日

经手人	艾笑寿	事　由	支付房屋修理费
项目名称	金　额	付款(结算)方式	备　注
修理费用	58 424.00	企业网银	
合　计	￥58 424.00		
单位负责人审批	财务主管	部门领导	出纳员
同意。药童莉	同意。李一凡	同意。莫发愁	富友理

附单据 2 张

业务 19－3－2

电子发票（增值税专用发票）

建筑服务

（印章：全国统一发票监制章　国家税务总局　东海市税务局）

发票号码：22311000008089561217

开票日期：2023 年 12 月 11 日

购买方信息 名称：东海市童莉食品公司 统一社会信用代码/纳税人识别号： 91310020124321010A	销售方信息 名称：东海市方正建筑公司 统一社会信用代码/纳税人识别号： 91310112784668216K

项目名称	建筑服务发生地	建筑项目名称	金额	税率/征收率	税额
*建筑服务*修缮服务	东海市建设路 58 号	办公大楼修理	53 600.00	9%	4 824.00
合　计			￥53 600.00		￥4 824.00
价税合计（大写）	⊗伍万捌仟肆佰贰拾肆元整			（小写）￥58 424.00	

备注：土地增值税项目编号：
跨地(市)标志：

开票人：张明辉

业务 19－3－3

ICBC 中国工商银行　业务回单（付款）

日期：2023 年 12 月 11 日　　回单编号：18008000145

付款人户名：东海市童莉食品公司　　付款人开户行：中国工商银行东海市支行

付款人账号(卡号)：23004500670089

收款人户名：东海市方正建筑公司　　收款人开户行：中国工商银行东海市支行

收款人账号(卡号)：4600360038579

金额：伍万捌仟肆佰贰拾肆元整　　小写：58 424.00 元

业务(产品)种类：结算业务凭证　　凭证种类：000000000　　凭证号码：000000000000000000

摘要：支付办公大楼修缮费　　用途：转账　　币种：人民币

交易机构：04100000292　　记账柜员：03741　　交易代码：02108　　渠道：柜面

本回单为第一次打印，注意重复　　打印日期：2023 年 12 月 11 日　　打印柜员：8　　验证码：DA45340EF127

（印章：中国工商银行东海市支行　业务专用章（1））

业务 20－3－1

东海市童莉食品公司　　报账（付款）审批单

部门：财务科　　　　2023 年 12 月 11 日

经手人	甄紫曦	事　由	发放上月工资
项目名称	金　额	付款（结算）方式	备　注
应付职工薪酬	1 700 000.00	银行批量代付	上月实发工资为 1 700 000 元，直接转入职工个人银行卡。
合　计	￥1 700 000.00		
单位负责人审批	财务主管	部门领导	出纳员
同意。药童莉	同意。李一凡		富友理

附单据 2 张

业务 20－3－2

ICBC 中国工商银行　电子转账凭证

币种：人民币　　委托日期 2023 年 12 月 11 日　　凭证编号：00278561

付款人	全　称	东海市童莉食品公司	收款人	全　称	批量代付
	账　号	23004500670089		账　号	（略）
	汇出地点	东海市		地　址	东海市
汇出行名称		中国工商银行东海市支行	汇入行名称		中国工商银行东海市支行

金额	人民币（大写）壹佰柒拾万元整	亿	千	百	十	万	千	百	十	元	角	分
			￥	1	7	0	0	0	0	0	0	0

附加信息及用途 职工工资 银行盖章	支付密码 根据中国工商银行东海市童莉食品公司客户 120930 号电子命令，上述款项已由本行支付。 客户经办人：1562　复核：　记账：

中国工商银行东海市支行 2023年12月11日 转讫

第一联 客户回单

业务 20－3－3

特色业务中国工商银行批量代付成功清单

机构代码：913100402[illegible]34560703　　机构名称：中国工商银行东海市支行　　入账日期：2023 年 12 月 11 日

客户账号	姓名	金额
6220241000005160341	（略）	（略）
6220241000005160342	（略）	（略）
6220241000005160343	（略）	（略）
6220241000005160344	（略）	（略）
6220241000005160345	（略）	（略）
（以下略）	（略）	（略）
合　计		￥1 700 000.00

业务 21－4－1

东海市童莉食品公司　领料单

领料单位：生产车间　　　　编　号：103

领料用途：装饰饼干生产　　2023 年 12 月 11 日　　发料仓库：第一仓库

材料类别	材料编号	材料名称	计量单位	数量		单价	金额/元
				请领	实发		
（略）	（略）	小麦粉	千克	26 000	26 000		
（略）	（略）	白砂糖	千克	16 000	16 000		

二 财务联

仓库保管员：刘建涛　　领料人：王明亮　　记账：王格平

业务 21－4－2

东海市童莉食品公司　领料单

领料单位：生产车间　　　　编　号：104

领料用途：蛋圆饼干生产　　2023 年 12 月 11 日　　发料仓库：第一仓库

材料类别	材料编号	材料名称	计量单位	数量		单价	金额/元
				请领	实发		
（略）	（略）	小麦粉	千克	13 000	13 000		
（略）	（略）	白砂糖	千克	6 000	6 000		

二 财务联

仓库保管员：刘建涛　　领料人：张国政　　记账：王格平

业务 21－4－3

东海市童莉食品公司　领料单

领料单位：生产车间　　　　编　号：203

领料用途：装饰饼干生产　　2023 年 12 月 11 日　　发料仓库：第二仓库

材料类别	材料编号	材料名称	计量单位	数量		单价	金额/元
				请领	实发		
（略）	（略）	鸡蛋	千克	10 800	10 800		
（略）	（略）	橄榄油	千克	2 550	2 550		
（略）	（略）	方铁盒	个	10 500	10 500		

二 财务联

仓库保管员：李文英　　领料人：王明亮　　记账：王格平

业务 21－4－4

东海市童莉食品公司　领料单

领料单位：生产车间　　　　　　　　　　编　号：204

领料用途：蛋圆饼干生产　　2023 年 12 月 11 日　　发料仓库：第二仓库

材料类别	材料编号	材料名称	计量单位	数量		单价	金额/元
				请领	实发		
（略）	（略）	鸡蛋	千克	8 200	8 200		
（略）	（略）	橄榄油	千克	2 700	2 700		
（略）	（略）	方铁盒	个	7 330	7 330		

二 财务联

仓库保管员：李文英　　领料人：张国政　　记账：王格平

业务 22

ICBC 中国工商银行　托收凭证（收账通知）　4　No

委托日期 2023 年 12 月 5 日　　付款期限 2023 年 12 月 11 日

业务类型	委托收款（☑邮划、□电划）			托收承付（□邮划、□电划）			
付款人 全称	南宁市高兴食品店			收款人 全称	东海市童莉食品公司		
付款人 账号	2400860048360			收款人 账号	23004500670089		
付款人 地址	广西省南宁市/县	开户行	中国工商银行南宁市分行	收款人 地址	省东海市/县	开户行	中国工商银行东海市支行
金额 人民币（大写）	陆拾叁万陆仟贰佰贰拾元整			亿 千 百 十 万 千 百 十 元 角 分	￥ 6 3 6 2 2 0 0 0		
款项内容	应收票据款	托收凭据名称	商业承兑汇票 2	附寄单证张数	1		
商品发运情况		合同名称号码					
备注： 复核　记账		上列款项已划回收入你方账户内。 收款人开户银行签章 2023 年 12 月 11 日		托收应收票据到期款。			

（印章：中国工商银行东海市支行 2023年12月11日 转讫）

此联付款人开户行凭以汇款或收款人开户银行作收账通知

业务 23－4－1

东海市童莉食品公司　报账（付款）审批单

部门：供销科　　2023 年 12 月 13 日

经手人	艾笑寿	事由	支付购光明面粉厂小麦粉款
项目名称	金额	付款（结算）方式	备注
材料采购	408 205.00	企业网银	对方负担运费，材料已验收入库。
合计	￥408 205.00		
单位负责人审批	财务主管	部门领导	出纳员
同意。药童莉	同意。李一凡	同意。莫发愁	富友理

附单据 2 张

业务 23－4－2

东海市童莉食品公司　收料单

编号：103

供货单位：永济市光明面粉厂　　2023 年 12 月 13 日　　仓库：第一仓库

材料类别	材料编号	材料名称	计量单位	数量		实际成本/元				备注
				应收	实收	发票价格	采购费用	合计	单价	
（略）	（略）	小麦粉	千克	70 000	70 000	374 500		374 500	5.35	
合计						￥374 500		￥374 500		

二 财务联

仓库保管员：刘建涛　验收：高桂格　记账：王格平　制单：严尧秋

业务 23－4－3

电子发票（增值税专用发票）

（印章：全国统一发票监制章 国家税务总局 山西省税务局）

发票号码：23141003000034005687

开票日期：2023 年 12 月 13 日

购买方信息	名称：东海市童莉食品公司 统一社会信用代码/纳税人识别号： 91310020124321010A	销售方信息	名称：永济市光明面粉厂 统一社会信用代码/纳税人识别号： 91142718415800216B

项目名称	规格型号	单位	数量	单价	金额	税率/征收率	税额
＊粮食加工品＊小麦粉		千克	70 000	5.35	374 500.00	9%	33 705.00
合计					￥374 500.00		￥33 705.00
价税合计（大写）	⊗肆拾万捌仟贰佰零伍元整				（小写）￥408 205.00		
备注							

开票人：吕明帆

业务 23－4－4

ICBC 中国工商银行　业务回单（付款）

日期：2023 年 12 月 13 日　　回单编号：18008002145

付款人户名：东海市童莉食品公司　　付款人开户行：中国工商银行东海市支行

付款人账号（卡号）：23004500670089

收款人户名：永济市光明面粉厂　　收款人开户行：中国工商银行银杏街办事处

收款人账号（卡号）：662214790066

金额：肆拾万捌仟贰佰零伍元整　　小写：408 205.00 元

业务（产品）种类：结算业务凭证　　凭证种类：000000000　　凭证号码：000000000000000000

摘要：支付购小麦粉款项　　用途：转账　　币种：人民币

交易机构：04100000292　　记账柜员：03741　　交易代码：02108　　渠道：柜面

本回单为第一次打印，注意重复　　打印日期：2023 年 12 月 13 日　　打印柜员：8　　验证码：DA45340EF139

（印章：中国工商银行东海市支行 业务专用章 (1)）

业务 24

中国工商银行　现金支票存根

支票号码 23203134

附加信息

出票日期 2023 年 12 月 15 日

收款人：	东海市童莉食品公司
金　额：	￥9 400.00
用　途：	备用

单位主管：药童莉　　会计：高桂格

（印章：东海市童莉……财务……）

业务 25

ICBC 中国工商银行　托收凭证（收账通知）　4　№

委托日期 2023 年 12 月 12 日　　付款期限 2023 年 12 月 15 日

业务类型	委托收款（☑邮划、□电划）　托收承付（□邮划、□电划）				
付款人 全称	沈阳市欢喜食品店		收款人 全称	东海市童莉食品公司	
付款人 账号	2900860048360		收款人 账号	23004500670089	
付款人 地址	辽宁省沈阳市/县	开户行 中国工商银行沈阳市分行	收款人 地址	省东海市/县	开户行 中国工商银行东海市支行
金额 人民币（大写）	伍拾捌万叁仟肆佰元整				
款项内容	应收票据款	托收凭据名称 商业承兑汇票 2		附寄单证张数	1
商品发运情况		合同名称号码			
备注：该商业承兑汇票到期日为 2023 年 12 月 15 日。 复核　记账	上列款项已划回收入你方账户内。 收款人开户银行签章 2023 年 12 月 15 日				

亿	千	百	十	万	千	百	十	元	角	分
		￥	5	8	3	4	0	0	0	0

（印章：中国工商银行东海市支行 2023年12月15日 转讫）

此联付款人开户行凭以汇款或收款人开户银行作收账通知

业务 26－3－1

东海市童莉食品公司　报账(付款)审批单

部门：办公室

2023 年 12 月 15 日

经手人	焦吉华	事　由	报销购办公家具款
项目名称	金　额	付款(结算)方式	备　注
办公费	8 136.00	库存现金	办公家具，直接交付车间、销售部门使用。
合　计	￥8 136.00		
单位负责人审批	财务主管	部门领导	出纳员
同意。药童莉	同意。李一凡	同意。赵婉茹	富友理

附单据 2 张

业务 26－3－2

电子发票（增值税专用发票）

全国统一发票监制章 国家税务总局 东海市税务局

发票号码：23211000060034003694

开票日期：2023 年 12 月 15 日

购买方信息	名称：东海市童莉食品公司 统一社会信用代码/纳税人识别号： 91310020124321010A	销售方信息	名称：东海市永春家具用具商店 统一社会信用代码/纳税人识别号： 913101382416782158

项目名称	规格型号	单位	数量	单价	金额	税率/征收率	税额
*办公用品*文件柜		个	8	500.00	4 000.00	13%	520.00
*办公用品*办公桌		张	8	400.00	3 200.00	13%	416.00
合　计					￥7 200.00		￥936.00
价税合计（大写）	⊗捌仟壹佰叁拾陆元整				（小写）￥8 136.00		
备注							

开票人：张清远

业务 26－3－3

物料用品及办公用品领用表

2023 年 12 月 15 日

领用部门	办公柜		办公桌		金额合计/元	签字
	数量/个	金额/元	数量/张	金额/元		
生产车间	6	3 000.00	6	2 400.00	5 400.00	高安全
供销科	2	1 000.00	2	800.00	1 800.00	艾笑寿
合　计	8	4 000.00	8	3 200.00	7 200.00	
备注：各车间、销售部门直接领用。						

财务主管：李一凡　　制单：严尧秋　　记账：高桂格

业务 27

ICBC 中国工商银行　现金缴款单

2023 年 12 月 15 日　　序号：

客户填写部分	收款人户名	东海市童莉食品公司		
	收款人账号	23004500670089	收款人开户行	中国工商银行东海市支行
	缴款人	富友理	款项来源	超库存现金限额
	币种（√） 人民币☑ 外币	大写：陆佰零陆元整		亿 千 百 十 万 千 百 十 元 角 分 ￥ 6 0 6 0 0
	券别：100 元 / 50 元 / 20 元 / 10 元 / 5 元 / 2 元 / 1 元 / 辅币（金额） / 封包（金额）			
	张数：6 / / / / / / 6 / /			
银行打印	上述款项已入账，请核对与银行打印信息一致。			

中国工商银行东海市支行 2023年12月15日 转讫

第二联 收款人入账通知

（银行打印有效）　　收款人：王大忠

三、12 月 16—31 日日常经济业务的原始凭证

业务 28

东海市童莉食品公司　产品入库单

交库单位：生产车间　　2023 年 12 月 16 日　　仓库：成品库　编号：312

产品编号	规格	产品名称	计量单位	数量		单位成本	总成本/元	备注
				送检	实收			
（略）	（略）	装饰饼干	盒	8 000	8 000			完工入库
（略）	（略）	蛋圆饼干	盒	5 500	5 500			

二 财务联

车间主管：高安全　保管员：甄仔细　记账：高桂格　制单：严尧秋

业务 29－3－1

东海市童莉食品公司　报账（付款）审批单

部门：供销科　　2023 年 12 月 17 日

经手人	艾笑寿	事　由	冲销预付账款购鸡蛋款
项目名称	金　额	付款（结算）方式	备　注
材料采购	364 060.00	预付账款	实际结算 364 060 元，已预付 367 400 元，余款 3 340 元留待下次结算，材料已验收入库，销货方负担运费。
合　计	￥364 060.00		
单位负责人审批	财务主管	部门领导	出纳员
同意。约童莉	同意。李一凡	同意。莫发愁	

附单据 2 张

业务 29－3－2

电子发票（增值税专用发票）

（印章：全国统一发票监制章　国家税务总局　山东省税务局）

农产品收购

发票号码：23371000050034004319
开票日期：2023 年 12 月 15 日

购买方信息	名称：东海市童莉食品公司 统一社会信用代码/纳税人识别号： 91310020124321010A	销售方信息	名称：济南市国立养鸡场 统一社会信用代码/纳税人识别号： 91370118415821600B

项目名称	规格型号	单位	数量	单价	金额	税率/征收率	税额
*禽类及其制品*蛋类*鸡蛋		千克	20 000	16.70	334 000.00	9%	30 060.00
合　计					￥334 000.00		￥30 060.00
价税合计（大写）	⊗叁拾陆万肆仟零陆拾元整				（小写）￥364 060.00		
备注							

（印章：冲销预付账款）

开票人：郭有理

业务 29－3－3

东海市童莉食品公司　收料单

编号：205

供货单位：济南市国立养鸡场　　2023 年 12 月 17 日　　仓库：第二仓库

材料类别	材料编号	材料名称	计量单位	数量		实际成本/元				备注
				应收	实收	发票价格	采购费用	合计	单价	
（略）	（略）	鸡蛋	千克	20 000	20 000	334 000		334 000	16.70	
合计						￥334 000		￥334 000		

二 财务联

仓库保管员：李文英　验收：高桂格　记账：王格平　制单：严尧秋

业务 30－4－1

东海市童莉食品公司　报账（付款）审批单

部门：办公室　　2023 年 12 月 17 日

经手人	焦吉华	事由	支付职工体检费
项目名称	金额	付款（结算）方式	备注
职工福利	254 400.00	企业网银	
合计	￥254 400.00		
单位负责人审批	财务主管	部门领导	出纳员
同意。约童莉	同意。李一凡	同意。赵婉茹	富友理

附单据 2 张

业务 30－4－2

电子发票（普通发票）

（印章：全国统一发票监制章 国家税务总局 东海市税务局）

发票号码：23311000060033001258

开票日期：2023 年 12 月 17 日

购买方信息	名称：东海市童莉食品公司 统一社会信用代码/纳税人识别号： 91310020124321010A	销售方信息	名称：东海市人民医院 统一社会信用代码/纳税人识别号： 91310020124806007E

项目名称	规格型号	单位	数量	单价	金额	税率/征收率	税额
*教育医疗服务*职工体检费		人/次	120	2 000.00	240 000.00	6%	14 400.00
合计					￥240 000.00		￥14 400.00
价税合计（大写）	⊗贰拾伍万肆仟肆佰元整				（小写）￥254 400.00		
备注							

开票人：张国华

业务 30－4－3

ICBC 中国工商银行 业务回单（付款）

日期： 2023 年 12 月 17 日　　回单编号：18008002187

付款人户名：东海市童莉食品公司		付款人开户行：中国工商银行东海市支行
付款人账号（卡号）：23004500670089		
收款人户名：东海市人民医院		收款人开户行：中国建设银行东海市支行
收款人账号（卡号）：360078926538104		
金额：贰拾伍万肆仟肆佰元整		小写：254 400.00 元
业务（产品）种类：结算业务凭证	凭证种类：000000000	凭证号码：0000000000000000
摘要：支付职工体检费	用途：转账	币种：人民币
交易机构：04100000292	记账柜员：03741	交易代码：02108　渠道：柜面
本回单为第一次打印，注意重复	打印日期：2023 年 12 月 17 日	打印柜员：8　验证码：DA45340EF188

中国工商银行东海市支行 业务专用章（1）

业务 30－4－4

职工福利费分配表

2023 年 12 月 17 日　　单位：元

职工福利费项目	车间、部门及人员类别		应分配金额
职工体检费	车间生产人员	装饰饼干	110 600.00
		蛋圆饼干	88 200.00
		小　计	198 800.00
	车间管理人员		19 600.00
	专设销售机构人员		18 000.00
	行政管理部门人员		18 000.00
合　计			254 400.00

会计主管：李一凡　　制单：刘景明　　复核：高桂格

业务 31

ICBC 中国工商银行 电子缴税付款凭证

转账日期：2023 年 12 月 17 日　　凭证字号：02567256

纳税人全称及纳税人识别号：东海市童莉食品公司　91310020124321010A

付款人全称：东海市童莉食品公司

付款人账号：23004500670089	征收机关名称：国家税务局东海市浦东税务局二所
付款人开户银行：工商银行东海市支行	收款国库（银行）名称：国家金库东海市支库
小写（合计）金额：￥102 642.00	缴款书交易流水号：31136512
大写（合计）金额：人民币壹拾万贰仟陆佰肆拾贰元整	税票号码：127159191070216812

税费种名称	所属时期	实缴金额
增值税	2023－12－01—2023－12－15	102 642.00
合　计		￥102 642.00
第一次打印	打印时间：2023－12－17	

中国工商银行东海市支行 2023年12月17日 转讫

第二联　作付款回单　　复核：李永胜　　记账：李景明

业务 32－6－1

东海市童莉食品公司　报账（付款）审批单

部门：供销科　　2023 年 12 月 19 日

经手人	艾笑寿	事　由	冲销预收莲花超市货款销售
项目名称	金　额	付款（结算）方式	备　注
产品销售	2 785 450.00	冲销预收货款	前已预收 2 700 000 元，余款 85 450 元收到。运费由销售方负担。
收到余款	85 450.00	企业网银	
销售运费	8 720.00	企业网银	
单位负责人审批	财务主管	部门领导	出纳员
同意。药童莉	同意。李一凡	同意。莫发愁	富友理

附单据 2 张

业务 32－6－2

电子发票（增值税专用发票）

（印章：全国统一发票监制章　国家税务总局　东海市税务局）

发票号码：23311002000034001327

开票日期：2023 年 12 月 19 日

购买方信息	销售方信息
名称：太原市莲花超市 统一社会信用代码/纳税人识别号： 91140102384953869H	名称：东海市童莉食品公司 统一社会信用代码/纳税人识别号： 91310020124321010A

项目名称	规格型号	单位	数量	单价	金额	税率/征收率	税额
*饼干*装饰饼干		盒	9 900	150.00	1 485 000.00	13%	193 050.00
*饼干*蛋圆饼干		盒	7 000	140.00	980 000.00	13%	127 400.00
合　计					￥2 465 000.00		￥320 450.00
价税合计（大写）	⊗贰佰柒拾捌万伍仟肆佰伍拾元整				（小写）￥2 785 450.00		
备注							

开票人：刘宏远

业务 32－6－3

东海市童莉食品公司　产品出库单

购货单位：太原市莲花超市　　2023 年 12 月 19 日　　仓库：成品库　编号：324

产品编号	规格	产品名称	计量单位	数量		单位成本	金额/元	备　注
				应发	实发			
（略）	（略）	装饰饼干	盒	9 900	9 900			
（略）	（略）	蛋圆饼干	盒	7 000	7 000			

二　财务联

供销主管：莫发愁　　保管员：甄仔细　　记账：高桂格　　制单：严尧秋

业务 32－6－4

ICBC 中国工商银行 业务回单（收款）

日期： 2023 年 12 月 19 日　　　　回单编号：18008000078

付款人户名：太原市莲花超市		付款人开户行：中国工商银行太原市分行
付款人账号（卡号）：240014004836O		
收款人户名：东海市童莉食品公司		收款人开户行：中国工商银行东海市支行
收款人账号（卡号）：23004500670089		
金额：捌万伍仟肆佰伍拾元整		小写：85 450.00 元
业务（产品）种类：结算业务凭证	凭证种类：000000000	凭证号码：00000000000000000
摘要：收到销售冲销预收款余款	用途：转账	币种：人民币
交易机构：04100000292	记账柜员：03741	交易代码：02108　渠道：柜面
本回单为第一次打印，注意重复	打印日期：2023 年 12 月 19 日	打印柜员：8　验证码：DA45340EF128

（印章：中国工商银行东海市支行 业务专用章（1））

业务 32－6－5

电子发票（增值税专用发票）

（印章：全国统一发票监制章 国家税务总局 东海市税务局）

货物运输服务

发票号码：23311000005038003540

开票日期：2023 年 12 月 19 日

购买方信息	名称：东海市童莉食品公司 统一社会信用代码/纳税人识别号： 91310040213456010A	销售方信息	名称：东海市华强物流公司 统一社会信用代码/纳税人识别号： 91310124564763831B

项目名称	单位	数量	单价	金额	税率/征收率	税额
*陆路运输*其他陆路运输	吨公里	10 000	0.80	8 000.00	9%	720.00
合　　计				¥8 000.00		¥720.00

运输工具种类	运输工具牌号	起运地	到达地	运输货物名称
大卡车	东 A24029	东海市	太原市	鸡蛋

价税合计（大写）	⊗捌仟柒佰贰拾元整	（小写）¥8 720.00
备注		

开票人：王春天

业务 32－6－6

ICBC 中国工商银行 **业务回单**（付款）

日期： 2023 年 12 月 19 日　　回单编号：18008002482

付款人户名：东海市童莉食品公司		付款人开户行：中国工商银行东海市支行
付款人账号(卡号)：23004500670089		
收款人户名：东海市华强物流公司		收款人开户行：中国工商银行茉莉路办事处
收款人账号(卡号)：23001058442102		
金额：捌仟柒佰贰拾元整		小写：8 720.00 元
业务(产品)种类：结算业务凭证	凭证种类：000000000	凭证号码：000000000000000000
摘要：支付产品销售运费	用途：转账	币种：人民币
交易机构：04100000292	记账柜员：03741	交易代码：02108　渠道：柜面
本回单为第一次打印，注意重复	打印日期：2023 年 12 月 19 日	打印柜员：8　验证码：DA45340EF250

中国工商银行东海市支行 业务专用章 (1)

业务 33

坏账损失确认单

2020 年 3 月入账的应收华峰商场的货款贰万元整（￥20 000.00），经当地市场监督管理部门确认，该公司已于 1 年前破产倒闭。因此，该款项已无法收回，经公司董事会讨论决定，将该款项作为坏账处理。

财务经理：李一凡

2023 年 12 月 19 日

会计主管：李一凡　　制单：刘景明　　复核：高桂格

业务 34－3－1

东海市童莉食品公司　报账(付款)审批单

部门：办公室　　2023 年 12 月 19 日

经手人	焦吉华	事　由	支付抗震救灾捐款
项目名称	金　额	付款(结算)方式	备　注
对外捐赠	118 560.00	转账支票	
合　计	￥118 560.00		
单位负责人审批	财务主管	部门领导	出纳员
同意。药童莉	同意。李一凡	同意。赵婉茹	富友理

附单据 2 张

业务 34－3－2

公益性单位接受捐赠统一收据
UNIFIED INVOICE OF DONATION FOR PUBLIC WELFARE ORGANIZTION

国财 00202　　2023 年 12 月 19 日　　№ 0802999833

捐赠者 Donor	东海市童莉食品公司
捐赠项目 For Purpose	抗震救灾捐款
捐赠金额（实物价值）大写 Total Amount in Words	壹拾壹万捌仟伍佰陆拾元整
小写 in Figures	¥118 560.00
货币（实物）种类 Currcy（Material objects）	人民币
备注 Notes	由东海市红十字会代转中国红十字会总会

第二联 Second Donor 捐赠者

接收单位（签章） Receiver's Seal　　审核 李彩萍 Verified by　　经手人 王爱无 Handling Person　　支票号 Cheque No ⅪⅠ 7700048

感谢您的慷慨捐赠！ Thank you for your generous donation!　　0802999833

沿此虚线撕開

业务 34－3－3

中国工商银行　转账支票存根

支票号码 19203136

附加信息

出票日期 2023 年 12 月 19 日

收款人：	东海市红十字会
金　额：	¥118 560.00
用　途：	抗震救灾捐款

单位主管：药童莉　　会计：高桂格

业务 35－4－1

东海市童莉食品公司　　报账（付款）审批单

部门：供销科　　2023 年 12 月 21 日

经手人	艾笑寿	事　由	支付购方铁盒款
项目名称	金　额	付款（结算）方式	备　注
材料采购	248 600.00	企业网银	运费由销货方负担。材料已验收入库。
合　计	¥248 600.00		
单位负责人审批	财务主管	部门领导	出纳员
同意。药童莉	同意。李一凡	同意。莫发愁	富友理

附单据 2 张

业务 35－4－2

电子发票（增值税专用发票）

发票号码：23321003000034005687

开票日期：2023 年 12 月 21 日

购买方信息	名称：东海市童莉食品公司 统一社会信用代码/纳税人识别号： 91310020124321010A	销售方信息	名称：南京市华荣金属公司 统一社会信用代码/纳税人识别号： 91320102609859405D

项目名称	规格型号	单位	数量	单价	金额	税率/征收率	税额
*金属制品*方铁盒		个	22 000	10.00	220 000.00	13%	28 600.00
合　计					￥220 000.00		￥28 600.00
价税合计（大写）	⊗贰拾肆万捌仟陆佰元整				（小写）￥248 600.00		
备注							

开票人：郭丰民

业务 35－4－3

ICBC 中国工商银行　业务回单（付款）

日期：　2023 年 12 月 21 日　　　　回单编号：18008002596

付款人户名：东海市童莉食品公司		付款人开户行：中国工商银行东海市支行
付款人账号（卡号）：23004500670089		
收款人户名：南京市华荣金属公司		收款人开户行：中国工商银行南京市支行
收款人账号（卡号）：2400670246308		
金额：贰拾肆万捌仟陆佰元整		小写：248 600.00 元
业务（产品）种类：结算业务凭证	凭证种类：000000000	凭证号码：0000000000000000
摘要：支付购方铁盒货款	用途：转账	币种：人民币
交易机构：04100000292	记账柜员：03741	交易代码：02108　渠道：柜面
本回单为第一次打印，注意重复	打印日期：2023 年 12 月 21 日	打印柜员：8　验证码：DA45340EF297

业务 35－4－4

东海市童莉食品公司　收料单

编号：206

供货单位：南京市华荣金属公司　　2023 年 12 月 21 日　　仓库：第二仓库

材料类别	材料编号	材料名称	计量单位	数量		实际成本/元				备　注
				应收	实收	发票价格	采购费用	合计	单价	
（略）	（略）	方铁盒	个	22 000	22 000	220 000		220 000	10.00	
合　计						￥220 000		￥220 000		

二 财务联

仓库保管员：李文英　　验收：高桂格　　记账：王格平　　制单：严尧秋

业务 36

东海市童莉食品公司　　产品入库单

交库单位：生产车间　　2023 年 12 月 21 日　　仓库：成品库　　编号：313

产品编号	规格	产品名称	计量单位	数量		单位成本	总成本/元	备注
				送检	实收			
（略）	（略）	装饰饼干	盒	8 000	8 000			完工入库
（略）	（略）	蛋圆饼干	盒	5 500	5 500			

二 财务联

车间主管：高安全　　保管员：甄仔细　　记账：高桂格　　制单：严尧秋

业务 37-4-1

东海市童莉食品公司　　领料单

领料单位：生产车间　　编　号：105

领料用途：装饰饼干生产　　2023 年 12 月 21 日　　发料仓库：第一仓库

材料类别	材料编号	材料名称	计量单位	数量		单价	金额/元
				请领	实发		
（略）	（略）	小麦粉	千克	27 000	27 000		
（略）	（略）	白砂糖	千克	16 000	16 000		

二 财务联

仓库保管员：刘建涛　　领料人：王明亮　　记账：王格平

业务 37-4-2

东海市童莉食品公司　　领料单

领料单位：生产车间　　编　号：106

领料用途：蛋圆饼干生产　　2023 年 12 月 21 日　　发料仓库：第一仓库

材料类别	材料编号	材料名称	计量单位	数量		单价	金额/元
				请领	实发		
（略）	（略）	小麦粉	千克	12 500	12 500		
（略）	（略）	白砂糖	千克	4 100	4 100		

二 财务联

仓库保管员：刘建涛　　领料人：张国政　　记账：王格平

业务 37－4－3

东海市童莉食品公司　领料单

领料单位：生产车间　　　　编　　号：205

领料用途：装饰饼干生产　　2023 年 12 月 21 日　　发料仓库：第二仓库

材料类别	材料编号	材料名称	计量单位	数量 请领	数量 实发	单价	金额/元
（略）	（略）	鸡蛋	千克	11 200	11 200		
（略）	（略）	橄榄油	千克	2 750	2 750		
（略）	（略）	方铁盒	个	10 500	10 500		

二 财务联

仓库保管员：李文英　　领料人：王明亮　　记账：王格平

业务 37－4－4

东海市童莉食品公司　领料单

领料单位：生产车间　　　　编　　号：206

领料用途：蛋圆饼干生产　　2023 年 12 月 21 日　　发料仓库：第二仓库

材料类别	材料编号	材料名称	计量单位	数量 请领	数量 实发	单价	金额/元
（略）	（略）	鸡蛋	千克	7 000	7 000		
（略）	（略）	橄榄油	千克	2 400	2 400		
（略）	（略）	方铁盒	个	7 320	7 320		

二 财务联

仓库保管员：李文英　　领料人：张国政　　记账：王格平

业务 38－2－1

中国工商银行东海支行计收利息（付款通知）

2023 年 12 月 21 日　　借据号 9821201228011501

客户号 3001356088		结算账号 23004500670089	
单位名称：东海市童莉食品公司			
计算起讫日期 2023 年 9 月 21 日至 2023 年 12 月 20 日			
正常本金/积数	232 500 000.00	利率：0.40%/月	利息 31 000.00
逾期本金/积数		利率	利息
欠息/积数		利率	利息
币种	人民币	利息总金额	¥31 000.00

中国工商银行东海市支行 2023年12月21日 转讫

客户联

银行盖章：

业务 38－2－2

中国工商银行东海支行计付利息(收账通知)

2023 年 12 月 21 日

客户号 3001356088			结算账号 23004500670089		
单位名称:东海市童莉食品公司					
计算起讫日期 2023 年 9 月 21 日至 2023 年 12 月 20 日					
正常本金/积数	330 000 000.00	利率:0.3%/年		利息	2 750.00
逾期本金/积数		利率		利息	
欠息/积数		利率		利息	
币种	人民币	利息总金额			￥2 750.00

客户联

银行盖章:

中国工商银行东海市支行 2023年12月21日 转讫

业务 39－3－1

电子发票(增值税专用发票)

全国统一发票监制章 国家税务总局 东海市税务局

发票号码:23311002000034001328

开票日期:2023 年 12 月 23 日

购买方信息	名称:南宁市高兴食品店 统一社会信用代码/纳税人识别号: 91450100674231KMH24			销售方信息	名称:东海市童莉食品公司 统一社会信用代码/纳税人识别号: 91310020124321010A		
项目名称	规格型号	单位	数量	单价	金额	税率/征收率	税额
*饼干*装饰饼干		盒	5 500	150.00	825 000.00	13%	107 250.00
*饼干*蛋圆饼干		盒	3 200	140.00	448 000.00	13%	58 240.00
合　　计					￥1 273 000.00		￥165 490.00
价税合计(大写)	⊗壹佰肆拾叁万捌仟肆佰玖拾元整				(小写)￥1 438 490.00		
备注							

开票人:刘宏远

商业承兑汇票

业务 39－3－2

商业承兑汇票

2

10204560
00800392

出票日期(大写) 贰零贰叁年壹拾贰月贰拾叁日

付款人	全　称	南宁市高兴食品店	收款人	全　称	东海市童莉食品公司
	账　号	2400860048360		账　号	23004500670089
	开户银行	中国工商银行南宁市分行		开户银行	中国工商银行东海市支行
出票金额	人民币(大写)	壹佰肆拾叁万捌仟肆佰玖拾元整		亿千百十万千百十元角分	￥143849000
汇票到期日(大写)		贰零贰肆年零伍月贰拾叁日	付款人开户行	行号	
交易合同号码				地址	南宁市园湖南路 144 号
本汇票已经承兑,到期无条件付款。 承兑人签章 承兑日期　2023 年 12 月 23 日			本汇票请予以承兑,并于到期日付款。 出票人签章		

此联持票人开户行随托收凭证寄付款人开户行作借方凭证附件

王兴高印

南宁市高兴食品店 财务专用章

复印件与原件核对一致

业务 39－3－3

东海市童莉食品公司　　产品出库单

仓库：成品库

购货单位：南宁市高兴食品店　　2023 年 12 月 23 日　　编号：325

产品编号	规格	产品名称	计量单位	数量		单位成本	金额/元	备注
				应发	实发			
（略）	（略）	装饰饼干	盒	5 500	5 500			
（略）	（略）	蛋圆饼干	盒	3 200	3 200			

二 财务联

供销主管：莫发愁　　保管员：甄仔细　　记账：高桂格　　制单：严尧秋

业务 40－3－1

东海市童莉食品公司　　报账（付款）审批单

部门：办公室　　2023 年 12 月 25 日

经手人	焦吉华	事　由	支付广告费
项目名称	金　额	付款（结算）方式	备　注
广告费	16 854.00	企业网银	
合　计	¥16 854.00		
单位负责人审批	财务主管	部门领导	出纳员
同意。 药童莉	同意。 李一凡	同意。 赵婉茹	富友理

附单据 2 张

业务 40－3－2

电子发票（增值税专用发票）

（印章：全国统一发票监制章 国家税务总局 东海市税务局）

发票号码：23311003000034003451

开票日期：2023 年 12 月 25 日

购买方信息	名称：东海市童莉食品公司 统一社会信用代码/纳税人识别号： 91310020124321010A	销售方信息	名称：东海市阳明广告公司 统一社会信用代码/纳税人识别号： 913101369473615389

项目名称	规格型号	单位	数量	单价	金额	税率/征收率	税额
*文化创意服务*广告服务		m^2	20	795.00	15 900.00	6%	954.00
合　计					¥15 900.00		¥954.00
价税合计（大写）	⊗壹万陆仟捌佰伍拾肆元整				（小写）¥16 854.00		
备注							

开票人：张明元

业务 40－3－3

ICBC 中国工商银行 业务回单（付款）

日期： 2023 年 12 月 25 日　　回单编号：18008002608

付款人户名：东海市童莉食品公司		付款人开户行：中国工商银行东海市支行
付款人账号（卡号）：23004500670089		
收款人户名：东海市阳明广告公司		收款人开户行：中国建设银行茉莉路办事处
收款人账号（卡号）：2866450038300		
金额：壹万陆仟捌佰伍拾肆元整		小写：16 854.00 元
业务（产品）种类：结算业务凭证	凭证种类：000000000	凭证号码：000000000000000000
摘要：支付广告费	用途：转账	币种：人民币
交易机构：04100000292	记账柜员：03741	交易代码：02108　渠道：柜面
本回单为第一次打印，注意重复	打印日期：2023 年 12 月 25 日	打印柜员：8　验证码：DA45340EF312

（中国工商银行东海市支行 业务专用章）

业务 41－2－1

东海市童莉食品公司　产品出库单

仓库：成品库

购货单位：兰州市红星商场　　2023 年 12 月 25 日　　编号：326

产品编号	规格	产品名称	计量单位	数量		单位成本	金额/元	备注
				应发	实发			
（略）	（略）	装饰饼干	盒	1 860	1 860			赊销
（略）	（略）	蛋圆饼干	盒	1 600	1 600			

二 财务联

供销主管：莫发愁　　保管员：甄仔细　　记账：高桂格　　制单：严尧秋

业务 41－2－2

电子发票（增值税专用发票）

（全国统一发票监制章 国家税务总局 东海市税务局）

发票号码：23311002000034001329

开票日期：2023 年 12 月 25 日

购买方信息	名称：兰州市红星商场 统一社会信用代码/纳税人识别号： 916201037608640426	销售方信息	名称：东海市童莉食品公司 统一社会信用代码/纳税人识别号： 91310020124321010A

项目名称	规格型号	单位	数量	单价	金额	税率/征收率	税额
*饼干*装饰饼干		盒	1 860	150.00	279 000.00	13%	36 270.00
*饼干*蛋圆饼干		盒	1 600	140.00	224 000.00	13%	29 120.00
合　计					¥503 000.00		¥65 390.00
价税合计（大写）	⊗伍拾陆万捌仟叁佰玖拾元整				（小写）¥568 390.00		
备注	对方承诺下月付款。						

（货款未收）

开票人：刘宏远

业务 42－4－1

东海市童莉食品公司　报账（付款）审批单

部门：办公室　　2023 年 12 月 25 日

经手人	甄紫曦	事　由	支付锅炉工程安装费
项目名称	金　额	付款（结算）方式	备　注
锅炉工程	64 746.00	企业网银	锅炉工程完工并交付使用，结算工程余款。
合　计	￥64 746.00		
单位负责人审批	财务主管	部门领导	出纳员
同意。药童莉	同意。李一凡	同意。赵婉茹	富友理

附单据 2 张

业务 42－4－2

电子发票（增值税专用发票）

建筑服务

发票号码：23311000008089563248

开票日期：2023 年 12 月 25 日

购买方信息	名称：东海市童莉食品公司 统一社会信用代码/纳税人识别号： 91310020124321010A		销售方信息	名称：东海市方正建筑公司 统一社会信用代码/纳税人识别号： 91310112784668216K	
项目名称	建筑服务发生地	建筑项目名称	金额	税率/征收率	税额
*建筑服务*安装服务	东海市建设路 68 号	锅炉安装	59 400.00	9%	5 346.00
合　计			￥59 400.00		￥5 346.00
价税合计（大写）	⊗陆万肆仟柒佰肆拾陆元整			（小写）￥64 746.00	
备注	土地增值税项目编号： 跨地（市）标志：				

开票人：张明辉

（印章：全国统一发票监制章　国家税务总局　东海市税务局）

业务 42－4－3

ICBC 中国工商银行　业务回单（付款）

日期：　2023 年 12 月 25 日　　回单编号：18008002629

付款人户名：东海市童莉食品公司　　付款人开户行：中国工商银行东海市支行

付款人账号（卡号）：23004500670089

收款人户名：东海市方正建筑公司　　收款人开户行：中国工商银行东海市支行

收款人账号（卡号）：4600360038579

金额：陆万肆仟柒佰肆拾陆元整　　小写：64 746.00 元

业务（产品）种类：结算业务凭证　　凭证种类：000000000　　凭证号码：0000000000000000

摘要：支付锅炉安装费　　用途：转账　　币种：人民币

交易机构：04100000292　　记账柜员：03741　　交易代码：02108　　渠道：柜面

本回单为第一次打印，注意重复　　打印日期：2023 年 12 月 25 日　　打印柜员：8　　验证码：DA45340EF348

（印章：中国工商银行东海市支行　业务专用章　（1））

业务 42－4－4

固定资产交接(验收)单

2023 年 12 月 25 日

编号	名称	规格	型号	计量单位	数量	建造单位		备注
0512	锅炉		HW36 型	台	2	东海市迎宾食品机械厂		
总价	买价	运杂费	包装费	安装费	其他	原值	预计年限	净残值率
	120 000			59 400		179 400	10 年	5%
用途	生产用		使用部门		生产车间		已提折旧	
验收意见		合格,交付使用			验收人签章		陆新华	

财务主管：李一凡　　制单：严尧秋　　复核：高桂格

业务 43

中国工商银行　现金支票存根

支票号码 23102101

附加信息

出票日期 2023 年 12 月 27 日

收款人：	东海市童莉食品公司
金　额：	￥6 200.00
用　途：	备用

单位主管：药童莉　　会计：高桂格

业务 44

借　款　单

2023 年 12 月 27 日

借款单位：供销科		
借款理由：参加会议。		
借款金额：人民币(大写)陆仟贰佰元整		￥：6 200.00
本部门负责人意见：同意。　莫发愁	借款人签字：艾笑寿	
财务主管审批：同意。　李一凡	付款方式：现金	出纳：富友理

现金付讫

业务 45－3－1

东海市童莉食品公司　领料单

编　　号：207

领料用途：**对外销售**　　2023 年 12 月 29 日　　发料仓库：第二仓库

材料类别	材料编号	材料名称	计量单位	数量		单价	金额/元
				请领	实发		
（略）	（略）	方铁盒	个	5 000	5 000		

二 财务联

仓库保管员：李文英　　领料人：张国政　　记账：王格平

业务 45－3－2

电子发票（增值税专用发票）

全国统一发票监制章 国家税务总局 东海市税务局

发票号码：23311002000034001330

开票日期：2023 年 12 月 29 日

购买方信息	销售方信息
名称：东海市通达食品厂 统一社会信用代码/纳税人识别号： 913100202584538678	名称：东海市童莉食品公司 统一社会信用代码/纳税人识别号： 91310020124321010A

项目名称	规格型号	单位	数量	单价	金额	税率/征收率	税额
＊金属制品＊方铁盒		盒	5 000	11.00	55 000.00	13％	7 150.00
合　计					￥55 000.00		￥7 150.00
价税合计（大写）	⊗陆万贰仟壹佰伍拾元整				（小写）￥62 150.00		
备注							

开票人：刘宏远

业务 45－3－3

ICBC 中国工商银行　业务回单（收款）

日期：　2023 年 12 月 29 日　　回单编号：18008002687

付款人户名：东海市通达食品厂　　付款人开户行：中国工商银行东海市支行

付款人账号（卡号）：2300360088591

收款人户名：东海市童莉食品公司　　收款人开户行：中国工商银行东海市支行

收款人账号（卡号）：23004500670089

金额：陆万贰仟壹佰伍拾元整　　小写：62 150.00 元

业务（产品）种类：结算业务凭证　　凭证种类：000000000　　凭证号码：000000000000000000

摘要：转让方铁盒货款　　用途：转账　　币种：人民币

交易机构：04100000292　　记账柜员：03741　　交易代码：02108　　渠道：柜面

本回单为第一次打印，注意重复　　打印日期：2023 年 12 月 29 日　　打印柜员：8　　验证码：DA45340EF369

中国工商银行东海市支行 业务专用章 （1）

业务 46

ICBC 中国工商银行 业务回单（收款）

日期： 2023 年 12 月 29 日　　回单编号：18008002699

付款人户名：太原市莲花超市　　付款人开户行：中国工商银行太原市支行
付款人账号(卡号)：2400140048360
收款人户名：东海市童莉食品公司　　收款人开户行：中国工商银行东海市支行
收款人账号(卡号)：23004500670089
金额：陆拾万元整　　小写：600 000.00 元
业务(产品)种类：结算业务凭证　　凭证种类：000000000　　凭证号码：000000000000000000
摘要：按合同预付购货款　　用途：转账　　币种：人民币
交易机构：04100000292　　记账柜员：03741　　交易代码：02108　　渠道：柜面
本回单为第一次打印，注意重复　　打印日期：2023 年 12 月 29 日　　打印柜员：8　　验证码：DA45340EF398

（中国工商银行东海市支行 业务专用章 (1)）

业务 47－4－1

东海市童莉食品公司　报账（付款）审批单

部门：办公室　　2023 年 12 月 29 日

经手人	焦吉华	事　由	支付购买配方专利权款
项目名称	金　额	付款(结算)方式	备　注
配方专利权款	190 800.00	企业网银	
合　计	￥190 800.00		
单位负责人审批	财务主管	部门领导	出纳员
同意。药童莉	同意。李一凡	同意。赵婉茹	富友理

附单据 2 张

业务 47－4－2

ICBC 中国工商银行 业务回单（付款）

日期： 2023 年 12 月 29 日　　回单编号：18008002712

付款人户名：东海市童莉食品公司　　付款人开户行：中国工商银行东海市支行
付款人账号(卡号)：23004500670089
收款人户名：东海市斯特食品公司　　收款人开户行：中国建设银行东海市分行
收款人账号(卡号)：28664500038300
金额：壹拾玖万零捌佰元整　　小写：190 800.00 元
业务(产品)种类：结算业务凭证　　凭证种类：000000000　　凭证号码：000000000000000000
摘要：支付购买配方专利权款　　用途：转账　　币种：人民币
交易机构：04100000292　　记账柜员：03741　　交易代码：02108　　渠道：柜面
本回单为第一次打印，注意重复　　打印日期：2023 年 12 月 29 日　　打印柜员：8　　验证码：DA45340EF411

（中国工商银行东海市支行 业务专用章 (1)）

业务 47－4－3

电子发票（增值税专用发票）

全国统一发票监制章
国家税务总局
东海市税务局

发票号码：23311000500034001296

开票日期：2023 年 12 月 29 日

购买方信息	名称：东海市童莉食品公司 统一社会信用证代码/纳税人识别号： 91310020124321010A	销售方信息	名称：东海市斯特食品公司 统一社会信用证代码/纳税人识别号： 913101369185215329

项目名称	规格型号	单位	数量	单价	金额	税率/征收率	税额
*技术专利*配方专利权		套	1	180 000.00	180 000.00	6%	10 800.00
合　计					￥180 000.00		￥10 800.00
价税合计（大写）	⊗壹拾玖万零捌佰元整				（小写）￥190 800.00		
备注							

开票人：张辉明

业务 47－4－4

无形资产交接（验收）单

2023 年 12 月 29 日

编号	名称	规格	专利编号	计量单位	数量	建造单位		备注
0514	专利权		201610100068.X	项	1	东海市斯特食品公司		
总价	买价	运杂费	包装费	安装费	其他	原值	预计年限	净残值率
	180 000					180 000	10 年	0
用途	生产用		使用部门		生产车间		累计摊销	
验收意见		合格，交付使用			验收人签章		陆新华	

财务主管：李一凡　　制单：严尧秋　　复核：高桂格

业务 48

东海市童莉食品公司　产品入库单

交库单位：生产车间　　2023 年 12 月 29 日　　仓库：成品库　　编号：314

产品编号	规格	产品名称	计量单位	数量		单位成本	总成本/元	备　注
				送检	实收			
（略）	（略）	装饰饼干	盒	8 000	8 000			完工入库
（略）	（略）	蛋圆	盒	5 500	5 500			

二　财务联

车间主管：高安全　　保管员：甄仔细　　记账：高桂格　　制单：严尧秋

业务 49－3－1

东海市童莉食品公司　　报账(付款)审批单

部门：办公室　　　　2023 年 12 月 31 日

经手人	艾笑寿	事　由	支付购进方铁盒款
项目名称	金　额	付款(结算)方式	备　注
材料采购	249 391.00	企业网银	材料尚未验收入库
合　计	￥249 391.00		
单位负责人审批	财务主管	部门领导	出纳员
同意。 药童莉	同意。 李一凡	同意。 莫发愁	富友理

附单据 2 张

业务 49－3－2

电子发票(增值税专用发票)

（全国统一发票监制章 国家税务总局 江苏省税务局）

发票号码：23311002000034001324

开票日期：2023 年 12 月 31 日

购买方信息：名称：东海市童莉食品公司；统一社会信用代码/纳税人识别号：91310020124321010A

销售方信息：名称：南京市华荣金属公司；统一社会信用代码/纳税人识别号：91320102609859405D

项目名称	规格型号	单位	数量	单价	金额	税率/征收率	税额
*金属制品*方铁盒		个	22 070	10.00	220 700.00	13%	28 691.00
合　计					￥220 700.00		￥28 691.00
价税合计(大写)	⊗贰拾肆万玖仟叁佰玖拾壹元整				(小写)￥249 391.00		
备注							

开票人：郭丰民

业务 49－3－3

ICBC 中国工商银行　业务回单(付款)

日期：2023 年 12 月 31 日　　　　回单编号：18008002756

付款人户名：东海市童莉食品公司　　付款人开户行：中国工商银行东海市支行

付款人账号(卡号)：23004500670089

收款人户名：南京市华荣金属公司　　收款人开户行：中国工商银行南京市支行

收款人账号(卡号)：24006070246308

金额：贰拾肆万玖仟叁佰玖拾壹元整　　小写：249 391.00 元

业务(产品)种类：结算业务凭证　　凭证种类：000000000　　凭证号码：000000000000000000

摘要：支付购方铁盒货款　　用途：转账　　币种：人民币

交易机构：04100000292　　记账柜员：03741　　交易代码：02108　　渠道：柜面

本回单为第一次打印，注意重复　　打印日期：2023 年 12 月 31 日　　打印柜员：8　　验证码：DA45340EF428

（中国工商银行东海市支行 业务专用章 (1)）

业务 50

无法支付应付款项确认单

2020 年 3 月入账的应付世纪公司的货款叁万陆仟壹佰捌拾元整（¥36 180.00），经当地市场监督管理局确认，该公司已于 1 年前破产倒闭。因此，该款项已无法支付，经公司董事会讨论决定，将该款项作为营业外收入处理。

财务经理：李一凡

2023 年 12 月 31 日

会计主管：李一凡　　制单：刘景明　　复核：高桂格

业务 51－4－1

东海市童莉食品公司　报账（付款）审批单

部门：供销科　　2023 年 12 月 31 日

经手人	鲍彩购	事　由	支付 12 月份水费
项目名称	金　额	付款（结算）方式	备　注
水电费	9 810.00	企业网银	
合　计	9 810.00		
单位负责人审批	财务主管	部门领导	出纳员
同意。药童莉	同意。李一凡	同意。莫发愁	富友理

附单据 3 张

业务 51－4－2

电子发票（增值税专用发票）

（印章：全国统一发票监制章 国家税务总局 东海市税务局）

发票号码：23211006000034881216

开票日期：2023 年 12 月 31 日

购买方信息	名称：东海市童莉食品公司 统一社会信用代码/纳税人识别号： 91310020124321010A	销售方信息	名称：东海市供水公司 统一社会信用代码/纳税人识别号： 913106063522232ABE

项目名称	规格型号	单位	数量	单价	金额	税率/征收率	税额
*城市供水*自来水		m^2	1 800	5.00	9 000.00	9%	810.00
合　计					¥9 000.00		¥810.00
价税合计（大写）	⊗玖仟捌佰壹拾元整				（小写）¥9 810.00		
备注							

开票人：商永康

业务 51－4－3

东海市童莉食品公司　水费分配表

2023 年 12 月 31 日

部门	耗用量/m^3	单　价	金额/元
生产车间	1 160	5.00	5 800.00
行政管理部门	640	5.00	3 200.00
合　计	1 800		9 000.00

会计主管：李一凡　　制单：刘景明　　复核：高桂格

业务 51－4－4

ICBC 中国工商银行　业务回单（付款）

日期：2023 年 12 月 31 日　　回单编号：18008002788

付款人户名：东海市童莉食品公司　　付款人开户行：中国工商银行东海市支行

付款人账号(卡号)：23004500670089

收款人户名：东海市供水公司　　收款人开户行：中国工商银行临港办事处

收款人账号(卡号)：384567790

金额：玖仟捌佰壹拾元整　　小写：9 810.00 元

业务(产品)种类：结算业务凭证　　凭证种类：000000000　　凭证号码：000000000000000000

摘要：支付水费　　用途：转账　　币种：人民币

交易机构：04100000292　　记账柜员：03741　　交易代码：02108　　渠道：柜面

本回单为第一次打印，注意重复　　打印日期：2023 年 12 月 31 日　　打印柜员：8　　验证码：DA25460EF543

中国工商银行东海市支行 业务专用章 (1)

业务 52－4－1

东海市童莉食品公司　报账(付款)审批单

部门：供销科

2023 年 12 月 31 日

经手人	鲍彩购	事　由	支付 12 月份电费
项目名称	金　额	付款(结算)方式	备　注
水电费	96 841.00	企业网银	
合　计	96 841.00		
单位负责人审批	财务主管	部门领导	出纳员
同意。药童莉	同意。李一凡	同意。莫发愁	富友理

附单据 3 张

业务 52-4-2

电子发票（增值税专用发票）

国家税务总局 东海市税务局

发票号码：23211006000034881216

开票日期：2023 年 12 月 31 日

购买方信息	名称：东海市童莉食品公司 统一社会信用代码/纳税人识别号： 91310020124321010A			销售方信息	名称：东海市供电公司 统一社会信用代码/纳税人识别号： 913105063522NAH829		
项目名称	规格型号	单位	数量	单价	金额	税率/征收率	税额
*城市供电*电		度	107 125	0.80	85 700.00	13%	11 141.00
合　计					¥85 700.00		¥11 141.00
价税合计（大写）	⊗玖万陆仟捌佰肆拾壹元整					（小写）¥96 841.00	
备注							

开票人：张定国

业务 52-4-3

东海市童莉食品公司　电费分配表

2023 年 12 月 31 日

部门	耗用量/度	单价/元	金额/元
生产车间	99 125	0.80	79 300.00
行政管理部门	8 000	0.80	6 400.00
合　计	107 125		85 700.00

会计主管：李一凡　　制单：刘景明　　复核：高桂格

业务 52-4-4

ICBC 中国工商银行　业务回单（付款）

日期：2023 年 12 月 31 日　　回单编号：18008002784

付款人户名：东海市童莉食品公司　　付款人开户行：中国工商银行东海市支行

付款人账号（卡号）：23004500670089

收款人户名：东海市供电公司　　收款人开户行：中国工商银行南大办事处

收款人账号（卡号）：230030487

金额：玖万陆仟捌佰肆拾壹元整　　小写：96 841.00 元

业务（产品）种类：结算业务凭证　　凭证种类：000000000　　凭证号码：000000000000000000

摘要：支付电费　　用途：转账　　币种：人民币

交易机构：04100000292　　记账柜员：03741　　交易代码：02108　　渠道：柜面

本回单为第一次打印，注意重复　　打印日期：2023 年 12 月 31 日　　打印柜员：8　　验证码：DA18960EF587

中国工商银行东海市支行 业务专用章 （1）

业务 53

中国工商银行　电汇凭证（收账通知）　4

☑普通　□加急　　委托日期 2023 年 12 月 31 日

汇款人	全称	浦江市诚信食品公司	收款人	全称	东海市童莉食品公司
	账号	5608480058754		账号	23004500670089
汇出行名称		中国建设银行临港分行	汇入行名称		中国工商银行东海市支行
金额	人民币（大写）	伍仟元整	亿千百十万千百十元角分		￥5000.00
此汇款已收入收款人账户。			支付密码		
汇入行签章			附加信息及用途：偿还 2019 年 12 月所欠童莉食品公司的货款。**经查该款项已于 2022 年 9 月作坏账损失处理。**		
			复核：管望来　记账：		2023 年 12 月 31 日

（印章：中国工商银行东海市支行 2023年12月31日 转讫）

此联给收款人的收账通知

业务 54

中国工商银行

交易时间：20231231　09:26:43

客户名称：东海市童莉食品公司

缴费账号：23004500670089　　序号：

缴费方式：转账　　币种：人民币

实缴金额：300.00

缴费明细

序号	实缴金额	收费种类名称
1	50.00	转账支票二本费
2	50.00	现金支票二本费
3	200.00	网银转账手续费

交易网点：0725　　交易柜员：d638

（印章：中国工商银行东海市支行 2023.12.31 业务办讫章(03) 邵复月）

客户交费回单

第五章　产品成本计算及期末经济业务的账务处理及原始凭证

一、产品成本计算的自制原始凭证及其填制

业务 55－2－1

原材料加权平均单位成本计算表

2023 年 12 月 31 日

材料名称	期初结存		本期收入		合计		加权平均单价
	数量	金额/元	数量	金额/元	数量	金额/元	
小麦粉							
白砂糖							
鸡蛋							
橄榄油							
方铁盒							
合计							

财务主管：李一凡　　制单：刘景明　　复核：高桂格

业务 55－2－2

发料凭证汇总表

2023 年 12 月 31 日　　附件____张

项目／名称	加权平均单价	装饰饼干生产		蛋圆饼干生产		对外销售		合计/元
		数量	金额/元	数量	金额/元	数量	金额/元	
小麦粉								
白砂糖								
鸡蛋								
橄榄油								
方铁盒								
合计								

财务主管：李一凡　　制单：刘景明　　复核：高桂格

业务 56

应付工资结算汇总表

2023 年 12 月 31 日

单位：元

车间或部门		基本工资	津　贴	奖　金	其　他	合　计
生产工人工资	装饰饼干	330 000	192 000	96 000	172 000	790 000
	蛋圆饼干	275 000	165 000	82 000	108 000	630 000
车间管理人员		70 000	38 000	14 000	18 008	140 008
专设销售机构人员		25 000	16 000	19 000	4 772	64 772
行政管理人员		64 000	19 000	6 000	14 000	103 000
合　计		￥764 000	￥430 000	￥217 000	￥316 780	￥1 727 780

财务主管：李一凡　　制单：刘景明　　复核：高桂格

业务 57

固定资产折旧计算汇总表

2023 年 12 月 31 日

部门或用途	月初固定资产原值/元		月折旧率	月折旧额/元
生产车间	机器设备类	8 000 000	1.6%	
	房屋建筑类	5 000 000	0.6%	
	小　计	**13 000 000**		
专设销售机构	机器设备类	1 000 000	1.5%	
	房屋建筑类	2 500 000	0.4%	
	小　计	**3 500 000**		
行政管理部门	机器设备类	2 000 000	1.5%	
	房屋建筑类	9 950 000	0.4%	
	小　计	**11 950 000**		
合　计		￥28 450 000		￥252 800

财务主管：李一凡　　制单：刘景明　　复核：高桂格

业务 58

制造费用分配表

2023 年 12 月 31 日

车间或产品	分配标准（生产工人工资）	分　配　率	分配金额/元
装饰饼干			
蛋圆饼干			
合　计			

会计主管：李一凡　　制单：刘景明　　复核：高桂格

业务 59

产品成本计算表

2023 年 12 月 31 日

附件：____张

金额单位：元

成本项目	装饰饼干(______盒)		蛋圆饼干(______盒)	
	总成本/元	单位成本/(元/盒)	总成本/元	单位成本/(元/盒)
直接材料				
直接人工				
制造费用				
生产成本合计				

会计主管：李一凡　　制单：刘景明　　复核：高桂格

二、期末经济业务的自制原始凭证及其填制

业务 60-2-1

库存商品加权平均单位成本计算表

2023 年 12 月 31 日

产品名称	计量单位	期初结存		本期收入		合计		加权平均单位成本
		数量	金额/元	数量	金额/元	数量	金额/元	
装饰饼干	盒							
蛋圆饼干	盒							
合计								

财务主管：李一凡　　制单：刘景明　　记账：高桂格

业务 60-2-2

主营业务成本计算表

2023 年 12 月 31 日

产品名称	计量单位	加权平均单位成本(元/盒)	本期销售	
			数量	总成本/元
装饰饼干	盒			
蛋圆饼干	盒			
合计				

财务主管：李一凡　　制单：刘景明　　记账：高桂格

业务 61-2-1

应交及未交增值税计算表

2023 年 12 月 31 日

单位：元

项目	当期销项税额	当期进项税额	当期应纳增值税税额	已交增值税	转出未交增值税
金额					

会计主管：李一凡　　制单：刘景明　　复核：高桂格

业务 61－2－2

应交城市维护建设税和教育费附加计算表

2023 年 12 月 31 日

税　种	计　税　依　据	计税金额/元	税率/征收率	应纳税额/元
城市维护建设税	应交增值税、消费税之和		7%	
教育费附加	应交增值税、消费税之和		3%	
地方教育附加	应交增值税、消费税之和		2%	
合　计				

会计主管：李一凡　　制单：刘景明　　复核：高桂格

业务 62

坏账准备计提表

2023 年 12 月 31 日

项　目	应收账款账面余额/元	坏账准备计提比例	期末“坏账准备”账户应有余额/元	“坏账准备”账户计提前账面余额/元	本期应补提（或冲减）数/元
应收账款		3%			
其他应收款		0%			
合　计					

会计主管：李一凡　　制单：刘景明　　复核：高桂格

业务 63

银行借款利息计算表

2023 年 12 月 31 日

借款名称	借款金额/元	计息月份	借款月利率	借款利息/元
短期借款——工行东支	2 500 000	12 月	0.4%	10 000
利　息　合　计				￥10 000

会计主管：李一凡　　制单：刘景明　　复核：高桂格

业务 64

无形资产摊销表

2023 年 12 月 31 日

名　称	入账时间	原值/元	摊销年限/年	已摊销月数/月	累计已摊销金额/元	本月应摊销金额/元	备注
专利技术	2022.04.30	540 000	10	20	90 000		自用
配方专利	2023.12.29	180 000	10	0	0		自用
合　计		￥720 000			￥90 000		

会计主管：李一凡　　制单：刘景明　　复核：高桂格

业务 65

本月损益类账户发生额汇总表

2023 年 12 月 31 日　　　　单位：元

收入类账户		贷方余额	费用类账户		借方余额	费用类账户	借方余额
主营业务收入	装饰饼干		主营业务成本	装饰饼干		销售费用	
	蛋圆饼干			蛋圆饼干		管理费用	
其他业务收入	材料销售		其他业务成本	材料销售		财务费用	
						信用减值损失	
营业外收入			税金及附加			营业外支出	
收入合计			费用合计			利润总额	

会计主管：李一凡　　制单：刘景明　　复核：高桂格

业务 66－2－1

企业所得税按月(季)度预缴纳税申报表(A 类)(简易)

税款所属期间：2023 年 12 月 01 日至 2023 年 12 月 31 日

纳税人识别号：9 1 3 1 0 0 2 0 1 2 4 3 2 1 0 1 0 A

纳税人名称：东海市童莉食品公司　　金额单位：人民币元(列至角分)

预缴方式	☑ 按照实际利润额预缴　☐ 按照上一纳税年度应纳税所得额平均额预缴	
企业类型	☑ 一般企业　☐ 跨地区经营汇总纳税企业总机构	
预缴税款计算		
行次	项　目	本年累计金额
1	营业收入	
2	营业成本	
3	利润总额	
4	加：特定业务计算的应纳税所得额	
5	减：不征税收入	
6	减：免税收入、减计收入、所得减免等优惠金额	
7	减：固定资产加速折旧(扣除)调减额	
8	减：弥补以前年度亏损	
9	实际利润额(3＋4－5－6－7－8)	
10	税率(25%)	
11	应纳所得税额(9×10)	
12	减：减免所得税额(填写 A201030)	
13	减：实际已缴纳所得税额	
14	减：特定业务预缴(征)所得税额	
15	本期应补(退)所得税额(11－12－13－14)	

谨声明：此纳税申报表是根据《中华人民共和国企业所得税法》《中华人民共和国企业所得税法实施条例》以及有关税收政策和国家统一会计制度的规定填报的，是真实的、可靠的、完整的。

法定代表人(签章)：　　2×23 年 12 月 31 日

纳税人公章： 会计主管： 填表日期：2×23 年 12 月 31 日	代理申报中介机构公章： 经办人： 经办人执业证件号码： 代理申报日期：　年　月　日	主管税务机关受理专用章： 受理人： 受理日期：2×23 年 12 月 31 日

（印章：东海市童莉食品公司；李一凡印；东海市税务分局 征税专用章）

国家税务总局监制

注：上表的“营业收入”和“营业成本”项目仅填企业发生的主营业务和其他业务，与利润总额计算无关。

业务 66－2－2

损益类账户全年累计发生额汇总表

（本月所得税预缴前）

单位：元

账户名称	金　额	借或贷	账户名称	金　额	借或贷
主营业务收入		贷	销售费用		借
其他业务收入		贷	管理费用		借
营业外收入		贷	财务费用		借
主营业务成本		借	信用减值损失		借
其他业务成本		借	营业外支出		借
税金及附加		借	所得税费用		借
全年收入总额：			全年费用总额：		
全年利润总额：					

财务主管：李一凡　　制单：刘景明　　复核：高桂格

业务 67

可供分配利润计算及利润分配表

2023 年 12 月 31 日

单位：元

项　目	金　额	项　目	金　额
全年预计净利润		本年可供分配的净利润	
减：本年应提取的法定盈余公积		实际分配利润（董事会决议批准）	4 000 000
扣除盈余公积后的本年净利润		其中：港城投资公司（60％）	
加：年初未分配利润		海虹机械公司（40％）	

会计主管：李一凡　　制单：刘景明　　复核：高桂格

业务 68

利润结转及未分配利润计算表

2023 年 12 月 31 日

单位：元

账户名称		结转前余额		实际结转		结转后余额	
		借　方	贷　方	借　方	贷　方	借　方	贷　方
本年利润						无	无
利润分配	提取法定盈余公积					无	无
	应付利润					无	无
	未分配利润						

会计主管：李一凡　　制单：刘景明　　复核：高桂格

第六章　编制财务报表

一、结账与编制总账账户本期发生额及余额试算平衡表

业务 69

总账账户本期发生额及余额试算平衡表

2023 年 12 月 31 日　　单位：元

会计科目	期初余额		本期发生额		期末余额	
	借方	贷方	借方	贷方	借方	贷方
库存现金	2 000					
银行存款	8 465 000					
应收票据	2 381 620					
应收账款	1 181 890					
预付账款	264 910					
其他应收款	8 000					
坏账准备		14 200				
在途物资	220 000					
原材料	1 153 400					
库存商品	1 202 692					
固定资产	28 450 000					
累计折旧		921 272				
在建工程	209 000					
无形资产	540 000					
累计摊销		90 000				
短期借款		2 500 000				
应付票据		339 300				
应付账款		172 180				
预收账款		2 619 020				

续表

会计科目	期初余额		本期发生额		期末余额	
	借方	贷方	借方	贷方	借方	贷方
应付职工薪酬		1 700 000				
应交税费		328 880				
应付利息		21 600				
应付股利						
实收资本		30 000 000				
资本公积		300 000				
盈余公积		807 060				
利润分配		200 000				
本年利润		4 035 000				
生产成本						
制造费用						
主营业务收入						
其他业务收入						
营业外收入						
主营业务成本						
其他业务成本						
税金及附加						
销售费用						
管理费用						
财务费用						
信用减值损失						
营业外支出						
所得税费用						
合　计	44 078 512	44 078 512				

二、编制资产负债表

业务 70

资产负债表

会企 01 表

编制单位：（盖章）东海市童莉食品公司　　2023 年 12 月 31 日　　单位：元

资产	期末余额	上年年末余额	负债和所有者权益	期末余额	上年年末余额
流动资产：		（略）	流动负债：		（略）
货币资金			短期借款		
交易性金融资产			交易性金融负债		
衍生金融资产			衍生金融负债		
应收票据			应付票据		
应收账款			应付账款		
应收款项融资			预收款项		
预付款项			合同负债		
其他应收款			应付职工薪酬		
存货			应交税费		
合同资产			其他应付款		
持有待售资产			持有待售负债		
一年内到期的非流动资产			一年内到期的非流动负债		
其他流动资产			其他流动负债		
流动资产合计			流动负债合计		
非流动资产：			非流动负债：		
债权投资			长期借款		
其他债权投资			应付债券		
长期应收款			其中：优先股		
长期股权投资			永续债		
其他权益工具投资			租赁负债		
其他非流动金融资产			长期应付款		
投资性房地产			预计负债		
固定资产			递延收益		
在建工程			递延所得税负债		
生产性生物资产			其他非流动负债		
油气资产			非流动负债合计		
使用权资产			负债合计		
无形资产			所有者权益（或股东权益）：		
开发支出			实收资本（或股本）		
商誉			其他权益工具		
长期待摊费用			其中：优先股		
递延所得税资产			永续债		
其他非流动资产			资本公积		
非流动资产合计			减：库存股		
			其他综合收益		
			专项储备		
			盈余公积		
			未分配利润		
			所有者权益（或股东权益）合计		
资产总计			负债及所有者权益（或股东权益）总计		

三、编制利润表

业务 71

利 润 表

2023 年 12 月

会企 02 表

编制单位：（盖章）东海市童莉食品公司

单位：元

项 目	本 期 金 额	本年累计金额
一、营业收入		
减：营业成本		
税金及附加		
销售费用		
管理费用		
研发费用		
财务费用		
其中：利息费用		
利息收入		
加：其他收益		
投资收益（损失以“－”号填列）		
其中：对联营企业和合营企业的投资收益		
以摊余成本计量的金融资产终止确认收益（损失以“－”号填列）		
公允价值变动收益（损失以“－”号填列）		
信用减值损失（损失以“－”号填列）		
资产减值损失（损失以“－”号填列）		
资产处置收益（损失以“－”号填列）		
二、营业利润（亏损以“－”号填列）		
加：营业外收入		
减：营业外支出		
三、利润总额（亏损总额以“－”号填列）		
减：所得税费用		
四、净利润（净亏损以“－”号填列）		
（一）持续经营净利润（净亏损以“－”号填列）		
（二）终止经营净利润（净亏损以“－”号填列）		
五、其他综合收益的税后净额		
（一）以后不能重分类进损益的其他综合收益		
（二）以后将重分类进损益的其他综合收益		
六、综合收益总额		
七、每股收益		
（一）基本每股收益		
（二）稀释每股收益		

收　款　凭　证

总　号	1
分　号	收 1

借方科目 银行存款　　　　2023 年 12 月 01 日　　　　附件 2 张

摘　要	应贷科目		过账	金额										
	一级科目	二级及明细科目		亿	千	百	十	万	千	百	十	元	角	分
现销欣欣食品店产品	主营业务收入	装饰饼干					5	4	0	0	0	0	0	0
		蛋圆饼干					3	2	2	0	0	0	0	0
	应交税费	应交增值税(销项税额)					1	1	2	0	6	0	0	0
合　计						¥	9	7	4	0	6	0	0	0

财会主管 李一凡　　记账　　出纳　　复核　　制单

收　款　凭　证

总　号	
分　号	

借方科目　　　　年　月　日　　　　附件　张

摘　要	应贷科目		过账	金额										
	一级科目	二级及明细科目		亿	千	百	十	万	千	百	十	元	角	分
合　计														

财会主管　　记账　　出纳　　复核　　制单

收款凭证

总号	
分号	

借方科目　　　　　年　月　日　　　　　附件　　张

摘要	应贷科目		过账	金额										
	一级科目	二级及明细科目		亿	千	百	十	万	千	百	十	元	角	分
合计														

财会主管　　记账　　出纳　　复核　　制单

收款凭证

总号	
分号	

借方科目　　　　　年　月　日　　　　　附件　　张

摘要	应贷科目		过账	金额										
	一级科目	二级及明细科目		亿	千	百	十	万	千	百	十	元	角	分
合计														

财会主管　　记账　　出纳　　复核　　制单

收款凭证

总号	
分号	

借方科目 年 月 日 附件 张

摘要	应贷科目		过账	金额										
	一级科目	二级及明细科目		亿	千	百	十	万	千	百	十	元	角	分
合计														

财会主管 记账 出纳 复核 制单

收款凭证

总号	
分号	

借方科目 年 月 日 附件 张

摘要	应贷科目		过账	金额										
	一级科目	二级及明细科目		亿	千	百	十	万	千	百	十	元	角	分
合计														

财会主管 记账 出纳 复核 制单

总号	
分号	

收款凭证

借方科目　　　　　　　　年　月　日　　　　　　　　附件　　张

摘要	应贷科目		过账	金额										
	一级科目	二级及明细科目		亿	千	百	十	万	千	百	十	元	角	分
合计														

财会主管　　　　记账　　　　出纳　　　　复核　　　　制单

总号	
分号	

收款凭证

借方科目　　　　　　　　年　月　日　　　　　　　　附件　　张

摘要	应贷科目		过账	金额										
	一级科目	二级及明细科目		亿	千	百	十	万	千	百	十	元	角	分
合计														

财会主管　　　　记账　　　　出纳　　　　复核　　　　制单

总号	
分号	

收款凭证

借方科目 ....　　　　年　月　日　　　　附件　　张

摘要	应贷科目		过账	金额										
	一级科目	二级及明细科目		亿	千	百	十	万	千	百	十	元	角	分
合计														

财会主管　　记账　　出纳　　复核　　制单

总号	
分号	

收款凭证

借方科目 ....　　　　年　月　日　　　　附件　　张

摘要	应贷科目		过账	金额										
	一级科目	二级及明细科目		亿	千	百	十	万	千	百	十	元	角	分
合计														

财会主管　　记账　　出纳　　复核　　制单

总号	
分号	

收 款 凭 证

借方科目 ______　　　年　月　日　　　附件　　张

摘要	应贷科目		过账	金额										
	一级科目	二级及明细科目		亿	千	百	十	万	千	百	十	元	角	分
合计														

财会主管　　记账　　出纳　　复核　　制单

总号	
分号	

收 款 凭 证

借方科目 ______　　　年　月　日　　　附件　　张

摘要	应贷科目		过账	金额										
	一级科目	二级及明细科目		亿	千	百	十	万	千	百	十	元	角	分
合计														

财会主管　　记账　　出纳　　复核　　制单

总号	
分号	

收款凭证

借方科目 ....　　　　年　　月　　日　　　　附件　　　　张

摘要	应贷科目		过账	金额										
	一级科目	二级及明细科目		亿	千	百	十	万	千	百	十	元	角	分
合计														

财会主管　　　　记账　　　　出纳　　　　复核　　　　制单

总号	
分号	

收款凭证

借方科目 ....　　　　年　　月　　日　　　　附件　　　　张

摘要	应贷科目		过账	金额										
	一级科目	二级及明细科目		亿	千	百	十	万	千	百	十	元	角	分
合计														

财会主管　　　　记账　　　　出纳　　　　复核　　　　制单

收款凭证

总号	
分号	

借方科目 .... 年 月 日 附件 张

摘要	应贷科目		过账	金额										
	一级科目	二级及明细科目		亿	千	百	十	万	千	百	十	元	角	分
合计														

财会主管 记账 出纳 复核 制单

收款凭证

总号	
分号	

借方科目 .... 年 月 日 附件 张

摘要	应贷科目		过账	金额										
	一级科目	二级及明细科目		亿	千	百	十	万	千	百	十	元	角	分
合计														

财会主管 记账 出纳 复核 制单

付 款 凭 证

总号	3
分号	付1

贷方科目 银行存款　　　　2023年12月01日　　　　附件　　张

摘要	应借科目		过账	金额										
	一级科目	二级及明细科目		亿	千	百	十	万	千	百	十	元	角	分
偿付前欠河东养鸡场货款	应付账款	河东养鸡场					2	2	6	0	0	0	0	0
合计						¥	2	2	6	0	0	0	0	0

财会主管　　记账　　出纳　　复核　　制单　　领款人签章

付 款 凭 证

总号	
分号	

贷方科目　　　　年　月　日　　　　附件　　张

摘要	应借科目		过账	金额										
	一级科目	二级及明细科目		亿	千	百	十	万	千	百	十	元	角	分
合计														

财会主管　　记账　　出纳　　复核　　制单　　领款人签章

总号	
分号	

付 款 凭 证

贷方科目 ________　　　　年　　月　　日　　　　附件　　　　张

摘要	应借科目		过账	金额										
	一级科目	二级及明细科目		亿	千	百	十	万	千	百	十	元	角	分
合计														

财会主管　　记账　　出纳　　复核　　制单　　领款人签章

总号	
分号	

付 款 凭 证

贷方科目 ________　　　　年　　月　　日　　　　附件　　　　张

摘要	应借科目		过账	金额										
	一级科目	二级及明细科目		亿	千	百	十	万	千	百	十	元	角	分
合计														

财会主管　　记账　　出纳　　复核　　制单　　领款人签章

付 款 凭 证

总 号	
分 号	

贷方科目 ……………… 年 月 日 附件 张

摘 要	应借科目		过账	金额										
	一级科目	二级及明细科目		亿	千	百	十	万	千	百	十	元	角	分
合 计														

财会主管 记账 出纳 复核 制单 领款人签章

付 款 凭 证

总 号	
分 号	

贷方科目 ……………… 年 月 日 附件 张

摘 要	应借科目		过账	金额										
	一级科目	二级及明细科目		亿	千	百	十	万	千	百	十	元	角	分
合 计														

财会主管 记账 出纳 复核 制单 领款人签章

总号	
分号	

付款凭证

贷方科目______ 年 月 日 附件 张

摘要	应借科目		过账	金额										
	一级科目	二级及明细科目		亿	千	百	十	万	千	百	十	元	角	分
合计														

财会主管 记账 出纳 复核 制单 领款人签章

总号	
分号	

付款凭证

贷方科目______ 年 月 日 附件 张

摘要	应借科目		过账	金额										
	一级科目	二级及明细科目		亿	千	百	十	万	千	百	十	元	角	分
合计														

财会主管 记账 出纳 复核 制单 领款人签章

付款凭证

总号	
分号	

贷方科目…………　　　年　月　日　　　附件　　张

摘要	应借科目		过账	金额										
	一级科目	二级及明细科目		亿	千	百	十	万	千	百	十	元	角	分
合计														

财会主管　记账　出纳　复核　制单　领款人签章

付款凭证

总号	
分号	

贷方科目…………　　　年　月　日　　　附件　　张

摘要	应借科目		过账	金额										
	一级科目	二级及明细科目		亿	千	百	十	万	千	百	十	元	角	分
合计														

财会主管　记账　出纳　复核　制单　领款人签章

付款凭证

总号	
分号	

贷方科目 ………… 年 月 日 附件 张

摘要	应借科目		过账	金额										
	一级科目	二级及明细科目		亿	千	百	十	万	千	百	十	元	角	分
合计														

财会主管 记账 出纳 复核 制单 领款人签章

付款凭证

总号	
分号	

贷方科目 ………… 年 月 日 附件 张

摘要	应借科目		过账	金额										
	一级科目	二级及明细科目		亿	千	百	十	万	千	百	十	元	角	分
合计														

财会主管 记账 出纳 复核 制单 领款人签章

付款凭证

总号	
分号	

贷方科目 ………… 年 月 日 附件 张

摘要	应借科目		过账	金额										
	一级科目	二级及明细科目		亿	千	百	十	万	千	百	十	元	角	分
合计														

财会主管 记账 出纳 复核 制单 领款人签章

付款凭证

总号	
分号	

贷方科目 ………… 年 月 日 附件 张

摘要	应借科目		过账	金额										
	一级科目	二级及明细科目		亿	千	百	十	万	千	百	十	元	角	分
合计														

财会主管 记账 出纳 复核 制单 领款人签章

总号	
分号	

付款凭证

贷方科目 ______　　　　年　月　日　　　　附件　　张

摘要	应借科目		过账	金额										
	一级科目	二级及明细科目		亿	千	百	十	万	千	百	十	元	角	分
合计														

财会主管　　记账　　出纳　　复核　　制单　　领款人签章

总号	
分号	

付款凭证

贷方科目 ______　　　　年　月　日　　　　附件　　张

摘要	应借科目		过账	金额										
	一级科目	二级及明细科目		亿	千	百	十	万	千	百	十	元	角	分
合计														

财会主管　　记账　　出纳　　复核　　制单　　领款人签章

付 款 凭 证

总号	
分号	

贷方科目　　　　年　月　日　　　　附件　　张

摘要	应借科目		过账	金额										
	一级科目	二级及明细科目		亿	千	百	十	万	千	百	十	元	角	分
合计														

财会主管　　记账　　出纳　　复核　　制单　　领款人签章

付 款 凭 证

总号	
分号	

贷方科目　　　　年　月　日　　　　附件　　张

摘要	应借科目		过账	金额										
	一级科目	二级及明细科目		亿	千	百	十	万	千	百	十	元	角	分
合计														

财会主管　　记账　　出纳　　复核　　制单　　领款人签章

总号	
分号	

付款凭证

贷方科目　　　　年　月　日　　　　附件　　张

摘要	应借科目		过账	金额										
	一级科目	二级及明细科目		亿	千	百	十	万	千	百	十	元	角	分
合计														

财会主管　　记账　　出纳　　复核　　制单　　领款人签章

总号	
分号	

付款凭证

贷方科目　　　　年　月　日　　　　附件　　张

摘要	应借科目		过账	金额										
	一级科目	二级及明细科目		亿	千	百	十	万	千	百	十	元	角	分
合计														

财会主管　　记账　　出纳　　复核　　制单　　领款人签章

付款凭证

总号	
分号	

贷方科目 ....　　　　年　　月　　日　　　　附件　　　　张

摘要	应借科目		过账	金额										
	一级科目	二级及明细科目		亿	千	百	十	万	千	百	十	元	角	分
合计														

财会主管　　　记账　　　出纳　　　复核　　　制单　　　领款人签章

付款凭证

总号	
分号	

贷方科目 ....　　　　年　　月　　日　　　　附件　　　　张

摘要	应借科目		过账	金额										
	一级科目	二级及明细科目		亿	千	百	十	万	千	百	十	元	角	分
合计														

财会主管　　　记账　　　出纳　　　复核　　　制单　　　领款人签章

付 款 凭 证

总号	
分号	

贷方科目 　　　　年　　月　　日　　　　附件　　　　张

摘要	应借科目		过账	金额										
	一级科目	二级及明细科目		亿	千	百	十	万	千	百	十	元	角	分
合计														

财会主管　　记账　　出纳　　复核　　制单　　领款人签章

付 款 凭 证

总号	
分号	

贷方科目 　　　　年　　月　　日　　　　附件　　　　张

摘要	应借科目		过账	金额										
	一级科目	二级及明细科目		亿	千	百	十	万	千	百	十	元	角	分
合计														

财会主管　　记账　　出纳　　复核　　制单　　领款人签章

总号
分号

付 款 凭 证

贷方科目 ……　　　年　月　日　　　附件　　张

摘要	应借科目		过账	金额										
	一级科目	二级及明细科目		亿	千	百	十	万	千	百	十	元	角	分
合计														

财会主管　记账　出纳　复核　制单　领款人签章

总号
分号

付 款 凭 证

贷方科目 ……　　　年　月　日　　　附件　　张

摘要	应借科目		过账	金额										
	一级科目	二级及明细科目		亿	千	百	十	万	千	百	十	元	角	分
合计														

财会主管　记账　出纳　复核　制单　领款人签章

总号	
分号	

付款凭证

贷方科目 ________　　年　月　日　　附件　张

摘要	应借科目		过账	金额										
	一级科目	二级及明细科目		亿	千	百	十	万	千	百	十	元	角	分
合计														

财会主管　　记账　　出纳　　复核　　制单　　领款人签章

总号	
分号	

付款凭证

贷方科目 ________　　年　月　日　　附件　张

摘要	应借科目		过账	金额										
	一级科目	二级及明细科目		亿	千	百	十	万	千	百	十	元	角	分
合计														

财会主管　　记账　　出纳　　复核　　制单　　领款人签章

付款凭证

总号	
分号	

贷方科目 ……………… 年 月 日 附件 张

摘要	应借科目		过账	金额										
	一级科目	二级及明细科目		亿	千	百	十	万	千	百	十	元	角	分
合计														

财会主管 记账 出纳 复核 制单 领款人签章

付款凭证

总号	
分号	

贷方科目 ……………… 年 月 日 附件 张

摘要	应借科目		过账	金额										
	一级科目	二级及明细科目		亿	千	百	十	万	千	百	十	元	角	分
合计														

财会主管 记账 出纳 复核 制单 领款人签章

总号	
分号	

付 款 凭 证

贷方科目 ....　　　　年　　月　　日　　　　附件　　　　张

摘要	应借科目		过账	金额										
	一级科目	二级及明细科目		亿	千	百	十	万	千	百	十	元	角	分
合计														

财会主管　　记账　　出纳　　复核　　制单　　领款人签章

总号	
分号	

付 款 凭 证

贷方科目 ....　　　　年　　月　　日　　　　附件　　　　张

摘要	应借科目		过账	金额										
	一级科目	二级及明细科目		亿	千	百	十	万	千	百	十	元	角	分
合计														

财会主管　　记账　　出纳　　复核　　制单　　领款人签章

转　账　凭　证

总　号	2
分　号	转 1

2023 年 12 月 01 日　　　　附件　4　张

摘　要	一级科目	二级明细科目	过账	借方金额										贷方金额									
				千	百	十	万	千	百	十	元	角	分	千	百	十	万	千	百	十	元	角	分
冲销预付款购料	原材料	鸡蛋				2	4	9	0	0	0	0	0										
	应交税费	应交增值税(进项)					2	2	4	1	0	0	0										
	预付账款	国立养鸡场														2	7	1	4	1	0	0	0
合　计					¥	2	7	1	4	1	0	0	0		¥	2	7	1	4	1	0	0	0

财会主管　　　复核　　　记账　　　制单

转　账　凭　证

总　号	
分　号	

年　月　日　　　　附件　　张

摘　要	一级科目	二级明细科目	过账	借方金额										贷方金额									
				千	百	十	万	千	百	十	元	角	分	千	百	十	万	千	百	十	元	角	分
合　计																							

财会主管　　　复核　　　记账　　　制单

	总号	
	分号	

转 账 凭 证

年　　月　　日　　　　　　　　附件　　　　张

摘　要	一级科目	二级明细科目	过账	借方金额										贷方金额									
				千	百	十	万	千	百	十	元	角	分	千	百	十	万	千	百	十	元	角	分
合　计																							

财会主管　　　　　　复核　　　　　　记账　　　　　　制单

	总号	
	分号	

转 账 凭 证

年　　月　　日　　　　　　　　附件　　　　张

摘　要	一级科目	二级明细科目	过账	借方金额										贷方金额									
				千	百	十	万	千	百	十	元	角	分	千	百	十	万	千	百	十	元	角	分
合　计																							

财会主管　　　　　　复核　　　　　　记账　　　　　　制单

总号	
分号	

转账凭证

年　　月　　日　　　　　　　　附件　　　张

摘要	一级科目	二级明细科目	过账	借方金额										贷方金额									
				千	百	十	万	千	百	十	元	角	分	千	百	十	万	千	百	十	元	角	分
合计																							

财会主管　　　　复核　　　　记账　　　　制单

总号	
分号	

转账凭证

年　　月　　日　　　　　　　　附件　　　张

摘要	一级科目	二级明细科目	过账	借方金额										贷方金额									
				千	百	十	万	千	百	十	元	角	分	千	百	十	万	千	百	十	元	角	分
合计																							

财会主管　　　　复核　　　　记账　　　　制单

转账凭证

总号	
分号	

年　月　日　　　　附件　　张

摘要	一级科目	二级明细科目	过账	借方金额										贷方金额									
				千	百	十	万	千	百	十	元	角	分	千	百	十	万	千	百	十	元	角	分
合计																							

财会主管　　复核　　记账　　制单

转账凭证

总号	
分号	

年　月　日　　　　附件　　张

摘要	一级科目	二级明细科目	过账	借方金额										贷方金额									
				千	百	十	万	千	百	十	元	角	分	千	百	十	万	千	百	十	元	角	分
合计																							

财会主管　　复核　　记账　　制单

转 账 凭 证

总号	
分号	

年　月　日　　　　附件　　张

摘要	一级科目	二级明细科目	过账	借方金额										贷方金额									
				千	百	十	万	千	百	十	元	角	分	千	百	十	万	千	百	十	元	角	分
合计																							

财会主管　　　　复核　　　　记账　　　　制单

转 账 凭 证

总号	
分号	

年　月　日　　　　附件　　张

摘要	一级科目	二级明细科目	过账	借方金额										贷方金额									
				千	百	十	万	千	百	十	元	角	分	千	百	十	万	千	百	十	元	角	分
合计																							

财会主管　　　　复核　　　　记账　　　　制单

总号	
分号	

转 账 凭 证

年　　月　　日　　　　　　　　附件　　　张

摘要	一级科目	二级明细科目	过账	借方金额										贷方金额									
				千	百	十	万	千	百	十	元	角	分	千	百	十	万	千	百	十	元	角	分
合计																							

财会主管　　　　复核　　　　记账　　　　制单

总号	
分号	

转 账 凭 证

年　　月　　日　　　　　　　　附件　　　张

摘要	一级科目	二级明细科目	过账	借方金额										贷方金额									
				千	百	十	万	千	百	十	元	角	分	千	百	十	万	千	百	十	元	角	分
合计																							

财会主管　　　　复核　　　　记账　　　　制单

转 账 凭 证

总 号	
分 号	

年　月　日　　　　附件　　张

摘要	一级科目	二级明细科目	过账	借方金额										贷方金额									
				千	百	十	万	千	百	十	元	角	分	千	百	十	万	千	百	十	元	角	分
合计																							

财会主管　　复核　　记账　　制单

转 账 凭 证

总 号	
分 号	

年　月　日　　　　附件　　张

摘要	一级科目	二级明细科目	过账	借方金额										贷方金额									
				千	百	十	万	千	百	十	元	角	分	千	百	十	万	千	百	十	元	角	分
合计																							

财会主管　　复核　　记账　　制单

转账凭证

总号	
分号	

年　　月　　日　　　　附件　　　张

摘要	一级科目	二级明细科目	过账	借方金额										贷方金额									
				千	百	十	万	千	百	十	元	角	分	千	百	十	万	千	百	十	元	角	分
合计																							

财会主管　　　　复核　　　　记账　　　　制单

转账凭证

总号	
分号	

年　　月　　日　　　　附件　　　张

摘要	一级科目	二级明细科目	过账	借方金额										贷方金额									
				千	百	十	万	千	百	十	元	角	分	千	百	十	万	千	百	十	元	角	分
合计																							

财会主管　　　　复核　　　　记账　　　　制单

转 账 凭 证

总 号	
分 号	

年 月 日 附件 张

摘 要	一级科目	二级明细科目	过账	借方金额										贷方金额									
				千	百	十	万	千	百	十	元	角	分	千	百	十	万	千	百	十	元	角	分
合 计																							

财会主管 复核 记账 制单

转 账 凭 证

总 号	
分 号	

年 月 日 附件 张

摘 要	一级科目	二级明细科目	过账	借方金额										贷方金额									
				千	百	十	万	千	百	十	元	角	分	千	百	十	万	千	百	十	元	角	分
合 计																							

财会主管 复核 记账 制单

转账凭证

总号	
分号	

年 月 日 附件 张

摘要	一级科目	二级明细科目	过账	借方金额										贷方金额									
				千	百	十	万	千	百	十	元	角	分	千	百	十	万	千	百	十	元	角	分
合计																							

财会主管 复核 记账 制单

转账凭证

总号	
分号	

年 月 日 附件 张

摘要	一级科目	二级明细科目	过账	借方金额										贷方金额									
				千	百	十	万	千	百	十	元	角	分	千	百	十	万	千	百	十	元	角	分
合计																							

财会主管 复核 记账 制单

转 账 凭 证

总号	
分号	

年　月　日　　　　附件　　张

摘要	一级科目	二级明细科目	过账	借方金额										贷方金额									
				千	百	十	万	千	百	十	元	角	分	千	百	十	万	千	百	十	元	角	分
合计																							

财会主管　　　　复核　　　　记账　　　　制单

转 账 凭 证

总号	
分号	

年　月　日　　　　附件　　张

摘要	一级科目	二级明细科目	过账	借方金额										贷方金额									
				千	百	十	万	千	百	十	元	角	分	千	百	十	万	千	百	十	元	角	分
合计																							

财会主管　　　　复核　　　　记账　　　　制单

总号	
分号	

转 账 凭 证

年 月 日 附件 张

摘要	一级科目	二级明细科目	过账	借方金额										贷方金额									
				千	百	十	万	千	百	十	元	角	分	千	百	十	万	千	百	十	元	角	分
合计																							

财会主管 复核 记账 制单

总号	
分号	

转 账 凭 证

年 月 日 附件 张

摘要	一级科目	二级明细科目	过账	借方金额										贷方金额									
				千	百	十	万	千	百	十	元	角	分	千	百	十	万	千	百	十	元	角	分
合计																							

财会主管 复核 记账 制单

转账凭证

总号	
分号	

年　月　日　　　　附件　　张

摘要	一级科目	二级明细科目	过账	借方金额										贷方金额									
				千	百	十	万	千	百	十	元	角	分	千	百	十	万	千	百	十	元	角	分
合计																							

财会主管　　复核　　记账　　制单

转账凭证

总号	
分号	

年　月　日　　　　附件　　张

摘要	一级科目	二级明细科目	过账	借方金额										贷方金额									
				千	百	十	万	千	百	十	元	角	分	千	百	十	万	千	百	十	元	角	分
合计																							

财会主管　　复核　　记账　　制单

转账凭证

总号	
分号	

年 月 日　　　　附件 张

摘要	一级科目	二级明细科目	过账	借方金额										贷方金额									
				千	百	十	万	千	百	十	元	角	分	千	百	十	万	千	百	十	元	角	分
合计																							

财会主管　　复核　　记账　　制单

转账凭证

总号	
分号	

年 月 日　　　　附件 张

摘要	一级科目	二级明细科目	过账	借方金额										贷方金额									
				千	百	十	万	千	百	十	元	角	分	千	百	十	万	千	百	十	元	角	分
合计																							

财会主管　　复核　　记账　　制单

总号	
分号	

转 账 凭 证

年 月 日 附件 张

摘要	一级科目	二级明细科目	过账	借方金额										贷方金额									
				千	百	十	万	千	百	十	元	角	分	千	百	十	万	千	百	十	元	角	分
合计																							

财会主管 复核 记账 制单

总号	
分号	

转 账 凭 证

年 月 日 附件 张

摘要	一级科目	二级明细科目	过账	借方金额										贷方金额									
				千	百	十	万	千	百	十	元	角	分	千	百	十	万	千	百	十	元	角	分
合计																							

财会主管 复核 记账 制单

总号	
分号	

转账凭证

年　　月　　日　　　　　　　　附件　　　　张

摘要	一级科目	二级明细科目	过账	借方金额										贷方金额									
				千	百	十	万	千	百	十	元	角	分	千	百	十	万	千	百	十	元	角	分
合计																							

财会主管　　　　复核　　　　记账　　　　制单

总号	
分号	

转账凭证

年　　月　　日　　　　　　　　附件　　　　张

摘要	一级科目	二级明细科目	过账	借方金额										贷方金额									
				千	百	十	万	千	百	十	元	角	分	千	百	十	万	千	百	十	元	角	分
合计																							

财会主管　　　　复核　　　　记账　　　　制单

转账凭证

总号	
分号	

年　月　日　　　　附件　　张

摘要	一级科目	二级明细科目	过账	借方金额										贷方金额									
				千	百	十	万	千	百	十	元	角	分	千	百	十	万	千	百	十	元	角	分
合计																							

财会主管　　　复核　　　记账　　　制单

转账凭证

总号	
分号	

年　月　日　　　　附件　　张

摘要	一级科目	二级明细科目	过账	借方金额										贷方金额									
				千	百	十	万	千	百	十	元	角	分	千	百	十	万	千	百	十	元	角	分
合计																							

财会主管　　　复核　　　记账　　　制单

转 账 凭 证

总　号	
分　号	

年　　月　　日　　　　　　附件　　　　张

摘　要	一级科目	二级明细科目	过账	借方金额										贷方金额									
				千	百	十	万	千	百	十	元	角	分	千	百	十	万	千	百	十	元	角	分
合　计																							

财会主管　　　　复核　　　　记账　　　　制单

转 账 凭 证

总　号	
分　号	

年　　月　　日　　　　　　附件　　　　张

摘　要	一级科目	二级明细科目	过账	借方金额										贷方金额									
				千	百	十	万	千	百	十	元	角	分	千	百	十	万	千	百	十	元	角	分
合　计																							

财会主管　　　　复核　　　　记账　　　　制单

科目汇总表

年　月　日至　月　日

编号：		附件共　张
记账凭证	收款	第　号至　号共　张
	付款	第　号至　号共　张
	转账	第　号至　号共　张

会计科目	本期发生额汇总																				会计科目	本期发生额汇总																			
	借方										贷方											借方										贷方									
	千	百	十	万	千	百	十	元	角	分	千	百	十	万	千	百	十	元	角	分		千	百	十	万	千	百	十	元	角	分	千	百	十	万	千	百	十	元	角	分

财会主管　　记账　　复核　　制表

编号：			附件共		张
记账凭证	收款	第	号至	号共	张
	付款	第	号至	号共	张
	转账	第	号至	号共	张

科 目 汇 总 表

年　　月　　日至　　月　　日

会计科目	本期发生额汇总																				会计科目	本期发生额汇总																			
	借方										贷方											借方										贷方									
	千	百	十	万	千	百	十	元	角	分	千	百	十	万	千	百	十	元	角	分		千	百	十	万	千	百	十	元	角	分	千	百	十	万	千	百	十	元	角	分

财会主管　　　　记账　　　　复核　　　　制表

编号：	附件共	张
记账凭证 收款	第　　号至　　号共	张
记账凭证 付款	第　　号至　　号共	张
记账凭证 转账	第　　号至　　号共	张

科目汇总表

年　月　日至　月　日

会计科目	本期发生额汇总																				会计科目	本期发生额汇总																			
	借方										贷方											借方										贷方									
	千	百	十	万	千	百	十	元	角	分	千	百	十	万	千	百	十	元	角	分		千	百	十	万	千	百	十	元	角	分	千	百	十	万	千	百	十	元	角	分

财会主管　　　　记账　　　　复核　　　　制表

编号：	附件共	张			
记账凭证	收款	第	号至	号共	张
	付款	第	号至	号共	张
	转账	第	号至	号共	张

科目汇总表

年　月　日至　月　日

会计科目	本期发生额汇总																				会计科目	本期发生额汇总																			
	借方										贷方											借方										贷方									
	千	百	十	万	千	百	十	元	角	分	千	百	十	万	千	百	十	元	角	分		千	百	十	万	千	百	十	元	角	分	千	百	十	万	千	百	十	元	角	分

财会主管　　　　记账　　　　复核　　　　制表

编号：		附件共			张
记账凭证	收款	第	号至	号共	张
	付款	第	号至	号共	张
	转账	第	号至	号共	张

科目汇总表

年　　月　　日至　　月　　日

会计科目	本期发生额汇总																				会计科目	本期发生额汇总																			
	借方										贷方											借方										贷方									
	千	百	十	万	千	百	十	元	角	分	千	百	十	万	千	百	十	元	角	分		千	百	十	万	千	百	十	元	角	分	千	百	十	万	千	百	十	元	角	分

财会主管　　　　记账　　　　复核　　　　制表

编号：			附件共	张
记账凭证	收款	第	号至　号共	张
	付款	第	号至　号共	张
	转账	第	号至　号共	张

科 目 汇 总 表

年　　月　　日至　　月　　日

会计科目	本期发生额汇总																				会计科目	本期发生额汇总																			
	借方										贷方											借方										贷方									
	千	百	十	万	千	百	十	元	角	分	千	百	十	万	千	百	十	元	角	分		千	百	十	万	千	百	十	元	角	分	千	百	十	万	千	百	十	元	角	分

财会主管　　　　记账　　　　复核　　　　制表

库存现金日记账

第　　　　页

2023年 月	日	凭证字号	摘要	对方科目	√	收入（借方）金额	付出（贷方）金额	结余金额
11			承前页			1216000	1361000	51000
	30	付 23	提现备用			760000		
	30	付 24	报销办公用品				41000	
	30	付 28	龚格英出差借款				570000	200000
			月　结			1976000	1972000	200000
12								

库 存 现 金 日 记 账

第　　　　页

年		凭证字号	摘　要	对方科目	✓	收入（借方）金额										付出（贷方）金额										结余金额									
月	日					千	百	十	万	千	百	十	元	角	分	千	百	十	万	千	百	十	元	角	分	千	百	十	万	千	百	十	元	角	分

银行存款日记账

第　　页

2023年 月	日	凭证字号	支票号码	摘要	对方科目	✓	收入（借方）金额	付出（贷方）金额	结余金额
11				承上页			3291008.00	4023500.00	8236600.00
	30	收 13		收到牡丹超市预付货款			800000.00		
	30	收 14		现销红星商场产品			1560000.00		
	30	付 23		提现备用				7600.00	
				本日合计			2360000.00	7600.00	8465000.00
				月　结			3527008.00	4031100.00	8465000.00

银 行 存 款 日 记 账

第　　　　页

年		凭证字号	支票号码	摘　要	对方科目	√	收入(借方)金额											付出(贷方)金额											结余金额										
月	日						亿	千	百	十	万	千	百	十	元	角	分	亿	千	百	十	万	千	百	十	元	角	分	亿	千	百	十	万	千	百	十	元	角	分

银行存款日记账

年		凭证字号	支票号码	摘要	对方科目	√	收入(借方)金额											付出(贷方)金额											结余金额										
月	日						亿	千	百	十	万	千	百	十	元	角	分	亿	千	百	十	万	千	百	十	元	角	分	亿	千	百	十	万	千	百	十	元	角	分

银行存款日记账

第　　　　页

年		凭证字号	支票号码	摘要	对方科目	✓	收入（借方）金额											付出（贷方）金额											结余金额										
月	日						亿	千	百	十	万	千	百	十	元	角	分	亿	千	百	十	万	千	百	十	元	角	分	亿	千	百	十	万	千	百	十	元	角	分

日记账

第　　页

年		凭证字号	支票号码	摘要	对方科目	✓	收入(借方)金额											付出(贷方)金额											结余金额										
月	日						亿	千	百	十	万	千	百	十	元	角	分	亿	千	百	十	万	千	百	十	元	角	分	亿	千	百	十	万	千	百	十	元	角	分

日 记 账

第　　　页

年		凭证字号	支票号码	摘要	对方科目	✓	收入（借方）金额											付出（贷方）金额											结余金额										
月	日						亿	千	百	十	万	千	百	十	元	角	分	亿	千	百	十	万	千	百	十	元	角	分	亿	千	百	十	万	千	百	十	元	角	分

库存现金　　总账

第　　页

2023年 月	日	凭证 种类	凭证 号数	摘要	日页	借方金额	贷方金额	借或贷	余额
12	1			**月初余额**				借	2000.00
	15	科汇	1	1日至15日发生额		9400.00	9400.00		
		科汇	2	16日至31日发生额		6200.00	6000.00		
				月　结		15600.00	15600.00		2000.00
				结转下年					2000.00

总账

第　　页

年 月	日	凭证 种类	凭证 号数	摘要	日页	借方金额	贷方金额	借或贷	余额

总账

第　　　　页

年		凭证		摘要	日页	借方金额											贷方金额											借或贷	余额										
月	日	种类	号数			亿	千	百	十	万	千	百	十	元	角	分	亿	千	百	十	万	千	百	十	元	角	分		亿	千	百	十	万	千	百	十	元	角	分

总账

第　　　　页

年		凭证		摘要	日页	借方金额											贷方金额											借或贷	余额										
月	日	种类	号数			亿	千	百	十	万	千	百	十	元	角	分	亿	千	百	十	万	千	百	十	元	角	分		亿	千	百	十	万	千	百	十	元	角	分

总账

第　　　页

年		凭证		摘要	日页	借方金额											贷方金额											借或贷	余额										
月	日	种类	号数			亿	千	百	十	万	千	百	十	元	角	分	亿	千	百	十	万	千	百	十	元	角	分		亿	千	百	十	万	千	百	十	元	角	分

总账

第　　　页

年		凭证		摘要	日页	借方金额											贷方金额											借或贷	余额										
月	日	种类	号数			亿	千	百	十	万	千	百	十	元	角	分	亿	千	百	十	万	千	百	十	元	角	分		亿	千	百	十	万	千	百	十	元	角	分

总账

第　　　　页

年		凭证		摘要	日页	借方金额											贷方金额											借或贷	余额										
月	日	种类	号数			亿	千	百	十	万	千	百	十	元	角	分	亿	千	百	十	万	千	百	十	元	角	分		亿	千	百	十	万	千	百	十	元	角	分

总账

第　　　　页

年		凭证		摘要	日页	借方金额											贷方金额											借或贷	余额										
月	日	种类	号数			亿	千	百	十	万	千	百	十	元	角	分	亿	千	百	十	万	千	百	十	元	角	分		亿	千	百	十	万	千	百	十	元	角	分

总账

第　　页

年		凭证		摘要	日页	借方金额											贷方金额											借或贷	余额										
月	日	种类	号数			亿	千	百	十	万	千	百	十	元	角	分	亿	千	百	十	万	千	百	十	元	角	分		亿	千	百	十	万	千	百	十	元	角	分

总账

第　　页

年		凭证		摘要	日页	借方金额											贷方金额											借或贷	余额										
月	日	种类	号数			亿	千	百	十	万	千	百	十	元	角	分	亿	千	百	十	万	千	百	十	元	角	分		亿	千	百	十	万	千	百	十	元	角	分

总账

第　　页

年		凭证		摘要	日页	借方金额											贷方金额											借或贷	余额										
月	日	种类	号数			亿	千	百	十	万	千	百	十	元	角	分	亿	千	百	十	万	千	百	十	元	角	分		亿	千	百	十	万	千	百	十	元	角	分

总账

第　　页

年		凭证		摘要	日页	借方金额											贷方金额											借或贷	余额										
月	日	种类	号数			亿	千	百	十	万	千	百	十	元	角	分	亿	千	百	十	万	千	百	十	元	角	分		亿	千	百	十	万	千	百	十	元	角	分

总账

第　　　页

年		凭证		摘要	日页	借方金额											贷方金额											借或贷	余额										
月	日	种类	号数			亿	千	百	十	万	千	百	十	元	角	分	亿	千	百	十	万	千	百	十	元	角	分		亿	千	百	十	万	千	百	十	元	角	分

总账

第　　　页

年		凭证		摘要	日页	借方金额											贷方金额											借或贷	余额										
月	日	种类	号数			亿	千	百	十	万	千	百	十	元	角	分	亿	千	百	十	万	千	百	十	元	角	分		亿	千	百	十	万	千	百	十	元	角	分

总账

第　　页

年		凭证		摘要	日页	借方金额											贷方金额											借或贷	余额										
月	日	种类	号数			亿	千	百	十	万	千	百	十	元	角	分	亿	千	百	十	万	千	百	十	元	角	分		亿	千	百	十	万	千	百	十	元	角	分

总账

第　　页

年		凭证		摘要	日页	借方金额											贷方金额											借或贷	余额										
月	日	种类	号数			亿	千	百	十	万	千	百	十	元	角	分	亿	千	百	十	万	千	百	十	元	角	分		亿	千	百	十	万	千	百	十	元	角	分

总账

第　　页

年		凭证		摘要	日页	借方金额											贷方金额											借或贷	余额										
月	日	种类	号数			亿	千	百	十	万	千	百	十	元	角	分	亿	千	百	十	万	千	百	十	元	角	分		亿	千	百	十	万	千	百	十	元	角	分

总账

第　　页

年		凭证		摘要	日页	借方金额											贷方金额											借或贷	余额										
月	日	种类	号数			亿	千	百	十	万	千	百	十	元	角	分	亿	千	百	十	万	千	百	十	元	角	分		亿	千	百	十	万	千	百	十	元	角	分

总账

第　　　　页

年		凭证		摘要	日页	借方金额											贷方金额											借或贷	余额										
月	日	种类	号数			亿	千	百	十	万	千	百	十	元	角	分	亿	千	百	十	万	千	百	十	元	角	分		亿	千	百	十	万	千	百	十	元	角	分

总账

第　　　　页

年		凭证		摘要	日页	借方金额											贷方金额											借或贷	余额										
月	日	种类	号数			亿	千	百	十	万	千	百	十	元	角	分	亿	千	百	十	万	千	百	十	元	角	分		亿	千	百	十	万	千	百	十	元	角	分

总账

第　　页

年		凭证		摘要	日页	借方金额											贷方金额											借或贷	余额										
月	日	种类	号数			亿	千	百	十	万	千	百	十	元	角	分	亿	千	百	十	万	千	百	十	元	角	分		亿	千	百	十	万	千	百	十	元	角	分

总账

第　　页

年		凭证		摘要	日页	借方金额											贷方金额											借或贷	余额										
月	日	种类	号数			亿	千	百	十	万	千	百	十	元	角	分	亿	千	百	十	万	千	百	十	元	角	分		亿	千	百	十	万	千	百	十	元	角	分

总账

第 页

年		凭证		摘要	日页	借方金额											贷方金额											借或贷	余额										
月	日	种类	号数			亿	千	百	十	万	千	百	十	元	角	分	亿	千	百	十	万	千	百	十	元	角	分		亿	千	百	十	万	千	百	十	元	角	分

总账

第 页

年		凭证		摘要	日页	借方金额											贷方金额											借或贷	余额										
月	日	种类	号数			亿	千	百	十	万	千	百	十	元	角	分	亿	千	百	十	万	千	百	十	元	角	分		亿	千	百	十	万	千	百	十	元	角	分

总账

第　　页

年		凭证		摘要	日页	借方金额											贷方金额											借或贷	余额										
月	日	种类	号数			亿	千	百	十	万	千	百	十	元	角	分	亿	千	百	十	万	千	百	十	元	角	分		亿	千	百	十	万	千	百	十	元	角	分

总账

第　　页

年		凭证		摘要	日页	借方金额											贷方金额											借或贷	余额										
月	日	种类	号数			亿	千	百	十	万	千	百	十	元	角	分	亿	千	百	十	万	千	百	十	元	角	分		亿	千	百	十	万	千	百	十	元	角	分

总账

第 页

年		凭证		摘要	日页	借方金额	贷方金额	借或贷	余额
月	日	种类	号数			亿 千 百 十 万 千 百 十 元 角 分	亿 千 百 十 万 千 百 十 元 角 分		亿 千 百 十 万 千 百 十 元 角 分

总账

第 页

年		凭证		摘要	日页	借方金额	贷方金额	借或贷	余额
月	日	种类	号数			亿 千 百 十 万 千 百 十 元 角 分	亿 千 百 十 万 千 百 十 元 角 分		亿 千 百 十 万 千 百 十 元 角 分

总账

第　　页

年		凭证		摘要	日页	借方金额											贷方金额											借或贷	余额										
月	日	种类	号数			亿	千	百	十	万	千	百	十	元	角	分	亿	千	百	十	万	千	百	十	元	角	分		亿	千	百	十	万	千	百	十	元	角	分

总账

第　　页

年		凭证		摘要	日页	借方金额											贷方金额											借或贷	余额										
月	日	种类	号数			亿	千	百	十	万	千	百	十	元	角	分	亿	千	百	十	万	千	百	十	元	角	分		亿	千	百	十	万	千	百	十	元	角	分

总账

第 页

年		凭证		摘要	日页	借方金额											贷方金额											借或贷	余额										
月	日	种类	号数			亿	千	百	十	万	千	百	十	元	角	分	亿	千	百	十	万	千	百	十	元	角	分		亿	千	百	十	万	千	百	十	元	角	分

总账

第 页

年		凭证		摘要	日页	借方金额											贷方金额											借或贷	余额										
月	日	种类	号数			亿	千	百	十	万	千	百	十	元	角	分	亿	千	百	十	万	千	百	十	元	角	分		亿	千	百	十	万	千	百	十	元	角	分

总账

第　　页

年		凭证		摘要	日页	借方金额											贷方金额											借或贷	余额										
月	日	种类	号数			亿	千	百	十	万	千	百	十	元	角	分	亿	千	百	十	万	千	百	十	元	角	分		亿	千	百	十	万	千	百	十	元	角	分

总账

第　　页

年		凭证		摘要	日页	借方金额											贷方金额											借或贷	余额										
月	日	种类	号数			亿	千	百	十	万	千	百	十	元	角	分	亿	千	百	十	万	千	百	十	元	角	分		亿	千	百	十	万	千	百	十	元	角	分

总账

第　　　　页

年		凭证		摘要	日页	借方金额											贷方金额											借或贷	余额										
月	日	种类	号数			亿	千	百	十	万	千	百	十	元	角	分	亿	千	百	十	万	千	百	十	元	角	分		亿	千	百	十	万	千	百	十	元	角	分

总账

第　　　　页

年		凭证		摘要	日页	借方金额											贷方金额											借或贷	余额										
月	日	种类	号数			亿	千	百	十	万	千	百	十	元	角	分	亿	千	百	十	万	千	百	十	元	角	分		亿	千	百	十	万	千	百	十	元	角	分

总账

第　　页

年		凭证		摘要	日页	借方金额											贷方金额											借或贷	余额										
月	日	种类	号数			亿	千	百	十	万	千	百	十	元	角	分	亿	千	百	十	万	千	百	十	元	角	分		亿	千	百	十	万	千	百	十	元	角	分

总账

第　　页

年		凭证		摘要	日页	借方金额											贷方金额											借或贷	余额										
月	日	种类	号数			亿	千	百	十	万	千	百	十	元	角	分	亿	千	百	十	万	千	百	十	元	角	分		亿	千	百	十	万	千	百	十	元	角	分

总账

第　　　　页

年		凭证		摘要	日页	借方金额											贷方金额											借或贷	余额										
月	日	种类	号数			亿	千	百	十	万	千	百	十	元	角	分	亿	千	百	十	万	千	百	十	元	角	分		亿	千	百	十	万	千	百	十	元	角	分

总账

第　　　　页

年		凭证		摘要	日页	借方金额											贷方金额											借或贷	余额										
月	日	种类	号数			亿	千	百	十	万	千	百	十	元	角	分	亿	千	百	十	万	千	百	十	元	角	分		亿	千	百	十	万	千	百	十	元	角	分

总账

第　　页

年		凭证		摘要	日页	借方金额											贷方金额											借或贷	余额										
月	日	种类	号数			亿	千	百	十	万	千	百	十	元	角	分	亿	千	百	十	万	千	百	十	元	角	分		亿	千	百	十	万	千	百	十	元	角	分

总账

第　　页

年		凭证		摘要	日页	借方金额											贷方金额											借或贷	余额										
月	日	种类	号数			亿	千	百	十	万	千	百	十	元	角	分	亿	千	百	十	万	千	百	十	元	角	分		亿	千	百	十	万	千	百	十	元	角	分

总账

第　　页

年		凭证		摘要	日页	借方金额											贷方金额											借或贷	余额										
月	日	种类	号数			亿	千	百	十	万	千	百	十	元	角	分	亿	千	百	十	万	千	百	十	元	角	分		亿	千	百	十	万	千	百	十	元	角	分

总账

第　　页

年		凭证		摘要	日页	借方金额											贷方金额											借或贷	余额										
月	日	种类	号数			亿	千	百	十	万	千	百	十	元	角	分	亿	千	百	十	万	千	百	十	元	角	分		亿	千	百	十	万	千	百	十	元	角	分

总账

第　　页

年		凭证		摘要	日页	借方金额											贷方金额											借或贷	余额										
月	日	种类	号数			亿	千	百	十	万	千	百	十	元	角	分	亿	千	百	十	万	千	百	十	元	角	分		亿	千	百	十	万	千	百	十	元	角	分

总账

第　　页

年		凭证		摘要	日页	借方金额											贷方金额											借或贷	余额										
月	日	种类	号数			亿	千	百	十	万	千	百	十	元	角	分	亿	千	百	十	万	千	百	十	元	角	分		亿	千	百	十	万	千	百	十	元	角	分

总账

第　　　　页

年		凭证		摘要	日页	借方金额											贷方金额											借或贷	余额										
月	日	种类	号数			亿	千	百	十	万	千	百	十	元	角	分	亿	千	百	十	万	千	百	十	元	角	分		亿	千	百	十	万	千	百	十	元	角	分

总账

第　　　　页

年		凭证		摘要	日页	借方金额											贷方金额											借或贷	余额										
月	日	种类	号数			亿	千	百	十	万	千	百	十	元	角	分	亿	千	百	十	万	千	百	十	元	角	分		亿	千	百	十	万	千	百	十	元	角	分

应收票据　　明细账

二级科目编号及名称　欢喜食品店

总第　　页　分第　　页

2023年 月	日	凭证 种类	凭证 号数	摘要	对方科目	借方金额	贷方金额	借或贷	余额	✓
12	1			月初余额				借	124540000	
	7	转	5	商业汇票销售	主营业务收入	107237000		借	231777000	
	15	收	5	收到托收商业汇票款	银行存款		58340000	借	173437000	
				结转下年				借	173437000	

应收票据　　明细账

二级科目编号及名称

总第　　页　分第　　页

年 月	日	凭证 种类	凭证 号数	摘要	对方科目	借方金额	贷方金额	借或贷	余额	✓

应收账款 明细账

二级科目编号及名称　　　　　　总第　　页　分第　　页

年		凭证		摘要	对方科目	借方金额											贷方金额											借或贷	余额											✓
月	日	种类	号数			亿	千	百	十	万	千	百	十	元	角	分	亿	千	百	十	万	千	百	十	元	角	分		亿	千	百	十	万	千	百	十	元	角	分	

应收账款 明细账

二级科目编号及名称　　　　　　总第　　页　分第　　页

年		凭证		摘要	对方科目	借方金额											贷方金额											借或贷	余额											✓
月	日	种类	号数			亿	千	百	十	万	千	百	十	元	角	分	亿	千	百	十	万	千	百	十	元	角	分		亿	千	百	十	万	千	百	十	元	角	分	

应收账款　　明细账

二级科目编号及名称　　　　总第　　页　分第　　页

年		凭证		摘要	对方科目	借方金额											贷方金额											借或贷	余额											✓
月	日	种类	号数			亿	千	百	十	万	千	百	十	元	角	分	亿	千	百	十	万	千	百	十	元	角	分		亿	千	百	十	万	千	百	十	元	角	分	

坏账准备　　明细账

二级科目编号及名称　　　　总第　　页　分第　　页

年		凭证		摘要	对方科目	借方金额											贷方金额											借或贷	余额											✓
月	日	种类	号数			亿	千	百	十	万	千	百	十	元	角	分	亿	千	百	十	万	千	百	十	元	角	分		亿	千	百	十	万	千	百	十	元	角	分	

预付账款　　明细账

二级科目编号及名称　　　　　　　　总第　　页　分第　　页

年		凭证		摘要	对方科目	借方金额											贷方金额											借或贷	余额											✓
月	日	种类	号数			亿	千	百	十	万	千	百	十	元	角	分	亿	千	百	十	万	千	百	十	元	角	分		亿	千	百	十	万	千	百	十	元	角	分	

预付账款　　明细账

二级科目编号及名称　　　　　　　　总第　　页　分第　　页

年		凭证		摘要	对方科目	借方金额											贷方金额											借或贷	余额											✓
月	日	种类	号数			亿	千	百	十	万	千	百	十	元	角	分	亿	千	百	十	万	千	百	十	元	角	分		亿	千	百	十	万	千	百	十	元	角	分	

其他应收款 明细账

二级科目编号及名称

总第 页 分第 页

年		凭证		摘要	对方科目	借方金额											贷方金额											借或贷	余额											✓
月	日	种类	号数			亿	千	百	十	万	千	百	十	元	角	分	亿	千	百	十	万	千	百	十	元	角	分		亿	千	百	十	万	千	百	十	元	角	分	

其他应收款 明细账

二级科目编号及名称

总第 页 分第 页

年		凭证		摘要	对方科目	借方金额											贷方金额											借或贷	余额											✓
月	日	种类	号数			亿	千	百	十	万	千	百	十	元	角	分	亿	千	百	十	万	千	百	十	元	角	分		亿	千	百	十	万	千	百	十	元	角	分	

在途物资　　明细账

二级科目编号及名称　　　　总第　　页　分第　　页

年		凭证		摘要	对方科目	借方金额											贷方金额											借或贷	余额											✓
月	日	种类	号数			亿	千	百	十	万	千	百	十	元	角	分	亿	千	百	十	万	千	百	十	元	角	分		亿	千	百	十	万	千	百	十	元	角	分	

资产减值损失　　明细账

二级科目编号及名称　　　　总第　　页　分第　　页

年		凭证字号	摘要	借方										（　　）方金额分析					
月	日			千	百	十	万	千	百	十	元	角	分	固定资产减值损失	存货减值损失				

原材料　　　明细账

总页　　　分页

存储地点　　　最高存量　　　最低存量　　　计量单位　　　货名

年		凭证		摘要	收入（借方）												发出（贷方）												结存											
月	日	种类	号数		数量	单价	金额										数量	单价	金额										数量	单价	金额									
							千	百	十	万	千	百	十	元	角	分			千	百	十	万	千	百	十	元	角	分			千	百	十	万	千	百	十	元	角	分

原材料明细账

总页　　　　分页

货名

存储地点　　　　最高存量　　　　最低存量　　　　计量单位

年		凭证		摘要	收入（借方）												发出（贷方）												结存											
月	日	种类	号数		数量	单价	金额										数量	单价	金额										数量	单价	金额									
							千	百	十	万	千	百	十	元	角	分			千	百	十	万	千	百	十	元	角	分			千	百	十	万	千	百	十	元	角	分

原材料　　明细账

总页　　　　分页

存储地点　　　　最高存量　　　　最低存量　　　　计量单位　　　　货名

年		凭证		摘要	收入（借方）												发出（贷方）												结存											
					数量	单价	金额										数量	单价	金额										数量	单价	金额									
月	日	种类	号数				千	百	十	万	千	百	十	元	角	分			千	百	十	万	千	百	十	元	角	分			千	百	十	万	千	百	十	元	角	分

原材料　　明细账

总页　　　　分页

存储地点　　　　最高存量　　　　最低存量　　　　计量单位　　　　货名

年		凭证		摘要	收入（借方）												发出（贷方）												结存											
					数量	单价	金额										数量	单价	金额										数量	单价	金额									
月	日	种类	号数				千	百	十	万	千	百	十	元	角	分			千	百	十	万	千	百	十	元	角	分			千	百	十	万	千	百	十	元	角	分

原材料　　　明细账

总页　　　　分页

存储地点　　　　最高存量　　　　最低存量　　　　计量单位　　　　货名

<table>
<tr><th colspan="2">年</th><th colspan="2">凭证</th><th rowspan="3">摘要</th><th colspan="12">收入（借方）</th><th colspan="12">发出（贷方）</th><th colspan="12">结存</th></tr>
<tr><th rowspan="2">月</th><th rowspan="2">日</th><th rowspan="2">种类</th><th rowspan="2">号数</th><th rowspan="2">数量</th><th rowspan="2">单价</th><th colspan="10">金额</th><th rowspan="2">数量</th><th rowspan="2">单价</th><th colspan="10">金额</th><th rowspan="2">数量</th><th rowspan="2">单价</th><th colspan="10">金额</th></tr>
<tr><th>千</th><th>百</th><th>十</th><th>万</th><th>千</th><th>百</th><th>十</th><th>元</th><th>角</th><th>分</th><th>千</th><th>百</th><th>十</th><th>万</th><th>千</th><th>百</th><th>十</th><th>元</th><th>角</th><th>分</th><th>千</th><th>百</th><th>十</th><th>万</th><th>千</th><th>百</th><th>十</th><th>元</th><th>角</th><th>分</th></tr>
</table>

库存商品　　明细账

总页　　　　分页

货名

存储地点　　　　最高存量　　　　最低存量　　　　计量单位

年		凭证		摘要	收入（借方）												发出（贷方）												结存											
月	日	种类	号数		数量	单价	金额										数量	单价	金额										数量	单价	金额									
							千	百	十	万	千	百	十	元	角	分			千	百	十	万	千	百	十	元	角	分			千	百	十	万	千	百	十	元	角	分

库存商品　　明细账

总页　　　　分页

存储地点　　　　最高存量　　　　最低存量　　　　计量单位　　　　货名

年		凭证		摘要	收入（借方）												发出（贷方）												结存											
					数量	单价	金额										数量	单价	金额										数量	单价	金额									
月	日	种类	号数				千	百	十	万	千	百	十	元	角	分			千	百	十	万	千	百	十	元	角	分			千	百	十	万	千	百	十	元	角	分

明细账

总页　　　　分页

货名

存储地点　　　　最高存量　　　　最低存量　　　　计量单位

年		凭证		摘要	收入（借方）												发出（贷方）												结存											
					数量	单价	金额										数量	单价	金额										数量	单价	金额									
月	日	种类	号数				千	百	十	万	千	百	十	元	角	分			千	百	十	万	千	百	十	元	角	分			千	百	十	万	千	百	十	元	角	分

固定资产　　明细账

二级科目编号及名称　机器设备类　　　　　　　　　　　　总第　　页　分第　　页

2×23年		凭证		摘要	对方科目	日页	借方金额（亿千百十万千百十元角分）	√	贷方金额（亿千百十万千百十元角分）	√	借或贷	余额（亿千百十万千百十元角分）	√
月	日	种类	号数										
12	1			月初余额								1300000000	
	27	转	15	结转完工工程成本	在建工程		17940000						
				月结			17940000					1317940000	
				结转下年								1317940000	

固定资产　　明细账

二级科目编号及名称　　　　　　　　　　　　总第　　页　分第　　页

年		凭证		摘要	对方科目	日页	借方金额（亿千百十万千百十元角分）	√	贷方金额（亿千百十万千百十元角分）	√	借或贷	余额（亿千百十万千百十元角分）	√
月	日	种类	号数										

在建工程　　　　明细账

二级科目编号及名称　　　　　　　　　　　　总第　　　　页　分第　　　　页

年		凭证		摘要	对方科目	日页	借方金额											✓	贷方金额											✓	借或贷	余额											✓
月	日	种类	号数				亿	千	百	十	万	千	百	十	元	角	分		亿	千	百	十	万	千	百	十	元	角	分			亿	千	百	十	万	千	百	十	元	角	分	

在建工程　　　　明细账

二级科目编号及名称　　　　　　　　　　　　总第　　　　页　分第　　　　页

年		凭证		摘要	对方科目	日页	借方金额											✓	贷方金额											✓	借或贷	余额											✓
月	日	种类	号数				亿	千	百	十	万	千	百	十	元	角	分		亿	千	百	十	万	千	百	十	元	角	分			亿	千	百	十	万	千	百	十	元	角	分	

无形资产　　　　明细账

二级科目编号及名称

总第　　页　分第　　页

年		凭证		摘要	对方科目	日页	借方金额											✓	贷方金额											✓	借或贷	余额											✓
月	日	种类	号数				亿	千	百	十	万	千	百	十	元	角	分		亿	千	百	十	万	千	百	十	元	角	分			亿	千	百	十	万	千	百	十	元	角	分	

无形资产　　　　明细账

二级科目编号及名称

总第　　页　分第　　页

年		凭证		摘要	对方科目	日页	借方金额											✓	贷方金额											✓	借或贷	余额											✓
月	日	种类	号数				亿	千	百	十	万	千	百	十	元	角	分		亿	千	百	十	万	千	百	十	元	角	分			亿	千	百	十	万	千	百	十	元	角	分	

短期借款　　明细账

二级科目编号及名称　　　　　　　　总第　　页　分第　　页

年		凭证		摘要	对方科目	日页	借方金额	√	贷方金额	√	借或贷	余额	√
月	日	种类	号数				亿千百十万千百十元角分		亿千百十万千百十元角分			亿千百十万千百十元角分	

应付票据　　明细账

二级科目编号及名称　　　　　　　　总第　　页　分第　　页

年		凭证		摘要	对方科目	日页	借方金额	√	贷方金额	√	借或贷	余额	√
月	日	种类	号数				亿千百十万千百十元角分		亿千百十万千百十元角分			亿千百十万千百十元角分	

应付票据　　　明细账

二级科目编号及名称　　　　　　　　　　　　　　　　总第　　页　分第　　页

年		凭证		摘要	对方科目	日页	借方金额											✓	贷方金额											✓	借或贷	余额											✓
月	日	种类	号数				亿	千	百	十	万	千	百	十	元	角	分		亿	千	百	十	万	千	百	十	元	角	分			亿	千	百	十	万	千	百	十	元	角	分	

应付账款　　　明细账

二级科目编号及名称　　　　　　　　　　　　　　　　总第　　页　分第　　页

年		凭证		摘要	对方科目	日页	借方金额											✓	贷方金额											✓	借或贷	余额											✓
月	日	种类	号数				亿	千	百	十	万	千	百	十	元	角	分		亿	千	百	十	万	千	百	十	元	角	分			亿	千	百	十	万	千	百	十	元	角	分	

应付账款明细账

二级科目编号及名称 ....

总第 ...... 页 分第 ...... 页

年		凭证		摘要	对方科目	日页	借方金额											✓	贷方金额											✓	借或贷	余额											✓
月	日	种类	号数				亿	千	百	十	万	千	百	十	元	角	分		亿	千	百	十	万	千	百	十	元	角	分			亿	千	百	十	万	千	百	十	元	角	分	

应付账款明细账

二级科目编号及名称 ....

总第 ...... 页 分第 ...... 页

年		凭证		摘要	对方科目	日页	借方金额											✓	贷方金额											✓	借或贷	余额											✓
月	日	种类	号数				亿	千	百	十	万	千	百	十	元	角	分		亿	千	百	十	万	千	百	十	元	角	分			亿	千	百	十	万	千	百	十	元	角	分	

预收账款　　明细账

二级科目编号及名称

总第　　页　分第　　页

年		凭证		摘要	对方科目	日页	借方金额											✓	贷方金额											✓	借或贷	余额											✓
月	日	种类	号数				亿	千	百	十	万	千	百	十	元	角	分		亿	千	百	十	万	千	百	十	元	角	分			亿	千	百	十	万	千	百	十	元	角	分	

预收账款　　明细账

二级科目编号及名称

总第　　页　分第　　页

年		凭证		摘要	对方科目	日页	借方金额											✓	贷方金额											✓	借或贷	余额											✓
月	日	种类	号数				亿	千	百	十	万	千	百	十	元	角	分		亿	千	百	十	万	千	百	十	元	角	分			亿	千	百	十	万	千	百	十	元	角	分	

应付职工薪酬　　明细账

二级科目编号及名称　　　　　　　　　　总第　　页　分第　　页

年		凭证		摘要	对方科目	日页	借方金额											✓	贷方金额											✓	借或贷	余额											✓
月	日	种类	号数				亿	千	百	十	万	千	百	十	元	角	分		亿	千	百	十	万	千	百	十	元	角	分			亿	千	百	十	万	千	百	十	元	角	分	

应付职工薪酬　　明细账

二级科目编号及名称　　　　　　　　　　总第　　页　分第　　页

年		凭证		摘要	对方科目	日页	借方金额											✓	贷方金额											✓	借或贷	余额											✓
月	日	种类	号数				亿	千	百	十	万	千	百	十	元	角	分		亿	千	百	十	万	千	百	十	元	角	分			亿	千	百	十	万	千	百	十	元	角	分	

应交税费——应交增值税 明细账

总第　　页 分第　　页

2023年		凭证字号	摘要	借方发生额				贷方发生额			借或贷	余额
月	日			进项税额	已交税金	转出未交增值税	合计	销项税额	转出多交增值税	合计		
12	1	收1	现销产品					112 060		112 060		
	1	转1	冲销预付款购材料	22 410			22 410					
	3	付2	现购材料	23 895			46 305					
	5	转3	商业汇票购材料	101 400			147 705					
	5	转4	赊销产品					104 260		216 320		

应交税费——应交增值税 明细账

总第　　页　分第　　页

年		凭证字号	摘要	借方发生额				贷方发生额			借或贷	余额
月	日			进项税额	已交税金	转出未交增值税	合计	销项税额	转出多交增值税	合计		

应交税费　　明细账

二级科目编号及名称

总第　　页　分第　　页

年		凭证		摘要	对方科目	日页	借方金额											✓	贷方金额											✓	借或贷	余额											✓
月	日	种类	号数				亿	千	百	十	万	千	百	十	元	角	分		亿	千	百	十	万	千	百	十	元	角	分			亿	千	百	十	万	千	百	十	元	角	分	

应交税费　　明细账

二级科目编号及名称

总第　　页　分第　　页

年		凭证		摘要	对方科目	日页	借方金额											✓	贷方金额											✓	借或贷	余额											✓
月	日	种类	号数				亿	千	百	十	万	千	百	十	元	角	分		亿	千	百	十	万	千	百	十	元	角	分			亿	千	百	十	万	千	百	十	元	角	分	

应交税费　　明细账

二级科目编号及名称＿＿＿＿＿＿＿　　　总第＿＿＿页　分第＿＿＿页

年		凭证		摘要	对方科目	日页	借方金额											✓	贷方金额											✓	借或贷	余额											✓
月	日	种类	号数				亿	千	百	十	万	千	百	十	元	角	分		亿	千	百	十	万	千	百	十	元	角	分			亿	千	百	十	万	千	百	十	元	角	分	

应交税费　　明细账

二级科目编号及名称＿＿＿＿＿＿＿　　　总第＿＿＿页　分第＿＿＿页

年		凭证		摘要	对方科目	日页	借方金额											✓	贷方金额											✓	借或贷	余额											✓
月	日	种类	号数				亿	千	百	十	万	千	百	十	元	角	分		亿	千	百	十	万	千	百	十	元	角	分			亿	千	百	十	万	千	百	十	元	角	分	

应交税费　　明细账

二级科目编号及名称

总第　　页　分第　　页

年		凭证		摘要	对方科目	日页	借方金额											✓	贷方金额											✓	借或贷	余额											✓
月	日	种类	号数				亿	千	百	十	万	千	百	十	元	角	分		亿	千	百	十	万	千	百	十	元	角	分			亿	千	百	十	万	千	百	十	元	角	分	

应付利息　　明细账

二级科目编号及名称

总第　　页　分第　　页

年		凭证		摘要	对方科目	日页	借方金额											✓	贷方金额											✓	借或贷	余额											✓
月	日	种类	号数				亿	千	百	十	万	千	百	十	元	角	分		亿	千	百	十	万	千	百	十	元	角	分			亿	千	百	十	万	千	百	十	元	角	分	

应付股利　　明细账

二级科目编号及名称　　　　　　　　　　　　总第　　页　分第　　页

年		凭证		摘要	对方科目	日页	借方金额											✓	贷方金额											✓	借或贷	余额											✓
月	日	种类	号数				亿	千	百	十	万	千	百	十	元	角	分		亿	千	百	十	万	千	百	十	元	角	分			亿	千	百	十	万	千	百	十	元	角	分	

应付股利　　明细账

二级科目编号及名称　　　　　　　　　　　　总第　　页　分第　　页

年		凭证		摘要	对方科目	日页	借方金额											✓	贷方金额											✓	借或贷	余额											✓
月	日	种类	号数				亿	千	百	十	万	千	百	十	元	角	分		亿	千	百	十	万	千	百	十	元	角	分			亿	千	百	十	万	千	百	十	元	角	分	

实收资本 明细账

二级科目编号及名称

总第 页 分第 页

年		凭证		摘要	对方科目	日页	借方金额											✓	贷方金额											✓	借或贷	余额											✓
月	日	种类	号数				亿	千	百	十	万	千	百	十	元	角	分		亿	千	百	十	万	千	百	十	元	角	分			亿	千	百	十	万	千	百	十	元	角	分	

实收资本 明细账

二级科目编号及名称

总第 页 分第 页

年		凭证		摘要	对方科目	日页	借方金额											✓	贷方金额											✓	借或贷	余额											✓
月	日	种类	号数				亿	千	百	十	万	千	百	十	元	角	分		亿	千	百	十	万	千	百	十	元	角	分			亿	千	百	十	万	千	百	十	元	角	分	

资本公积　　明细账

二级科目编号及名称

总第　　页　分第　　页

年		凭证		摘要	对方科目	日页	借方金额											✓	贷方金额											✓	借或贷	余额											✓
月	日	种类	号数				亿	千	百	十	万	千	百	十	元	角	分		亿	千	百	十	万	千	百	十	元	角	分			亿	千	百	十	万	千	百	十	元	角	分	

盈余公积　　明细账

二级科目编号及名称

总第　　页　分第　　页

年		凭证		摘要	对方科目	日页	借方金额											✓	贷方金额											✓	借或贷	余额											✓
月	日	种类	号数				亿	千	百	十	万	千	百	十	元	角	分		亿	千	百	十	万	千	百	十	元	角	分			亿	千	百	十	万	千	百	十	元	角	分	

利润分配　　明细账

二级科目编号及名称……………

总第……页　分第……页

年		凭证		摘要	对方科目	日页	借方金额											✓	贷方金额											✓	借或贷	余额											✓
月	日	种类	号数				亿	千	百	十	万	千	百	十	元	角	分		亿	千	百	十	万	千	百	十	元	角	分			亿	千	百	十	万	千	百	十	元	角	分	

利润分配　　明细账

二级科目编号及名称……………

总第……页　分第……页

年		凭证		摘要	对方科目	日页	借方金额											✓	贷方金额											✓	借或贷	余额											✓
月	日	种类	号数				亿	千	百	十	万	千	百	十	元	角	分		亿	千	百	十	万	千	百	十	元	角	分			亿	千	百	十	万	千	百	十	元	角	分	

利润分配 明细账

二级科目编号及名称 ……………… 总第 …… 页 分第 …… 页

年		凭证		摘要	对方科目	日页	借方金额	✓	贷方金额	✓	借或贷	余额	✓
月	日	种类	号数				亿千百十万千百十元角分		亿千百十万千百十元角分			亿千百十万千百十元角分	

明细账

二级科目编号及名称 ……………… 总第 …… 页 分第 …… 页

年		凭证		摘要	对方科目	日页	借方金额	✓	贷方金额	✓	借或贷	余额	✓
月	日	种类	号数				亿千百十万千百十元角分		亿千百十万千百十元角分			亿千百十万千百十元角分	

投产日期　　　　计划工时　　　　　　　　**生产成本明细账**　　　　　　　　总页次　　　　分页次

完工日期　　　　实际工时　　　　　　　　　　　　　　　　　　　　　　　生产车间

完成产量　　　　数量　　　　　　　　　产品规格　　　　　　　　　　　　产品名称 装饰饼干

2×23年		凭证字号	摘要	借方发生额	成本项目			
月	日				直接材料	直接人工	制造费用	
11			承前页	2466640.00	1746160.00	720480.00		
	30	转20	分配并结转制造费用	181630.00			181630.00	
	30	转21	结转完工产品成本	2648270.00	1746160.00	720480.00	181630.00	
12								

生产成本明细账

投产日期　　　　计划工时

完工日期　　　　实际工时

完成产量　　　　数量

产品规格

总页次　　　　分页次

生产车间

产品名称　蛋圆饼干

2×23年 月	日	凭证字号	摘要	借方发生额	成本项目：直接材料	成本项目：直接人工	成本项目：制造费用	成本项目：（空栏）
11			承前页	1525680.00	951120.00	574560.00		
	30	转 20	分配并结转制造费用	146840.00			146840.00	
	30	转 21	结转完工产品成本	1672520.00	951120.00	574560.00	146840.00	
12								

制造费用　明细账

二级科目编号及名称　　　　　　　　　总第　　页　分第　　页

2023年 月	日	凭证字号	摘要	借方 千	百	十	万	千	百	十	元	角	分	(借)方金额分析 办公费	工薪费	水电费	折旧费		
11			承前页			1	8	1	7	7	0	0	0	3 320	133 640	44 810			
	30	转21	计提折旧费用			1	4	6	7	0	0	0	0				146 700		
	30	转22	分配并结转制造费用			3	2	8	4	7	0	0	0	3 320	133 640	44 810	146 700		

本年利润 明细账

二级科目编号及名称

总第 页 分第 页

2023年 月	日	凭证字号	摘要	对方科目	借方金额	贷方金额	借或贷	余额	✓
11			**承前页**		291902400	349902400	贷	421000000	
		转32	结转所得税费用至本年利润		14500000				
	30		**本月合计**		306402400	349902400	贷	406500000	
			本年累计		2812820000	3219320000	贷	406500000	
12									

主营业务收入 明细账

二级科目编号及名称

总第 页 分第 页

2023年 月	日	凭证字号	摘要	贷方 亿	千	百	十	万	千	百	十	元	角	分	（贷）方金额分析 装饰饼干	蛋圆饼干			
11			承前页			3	4	5	1	0	0	0	0	0	2 120 000	1 331 000			
	30	转29	结转收入至本年利润账户			3	4	5	1	0	0	0	0	0	2 120 000	1 331 000			
	30		本年累计		3	1	2	4	3	5	0	0	0	0	19 234 000	12 009 500			
12																			

其他业务收入　　明细账

二级科目编号及名称　　　　　　　　　　总第　　页　分第　　页

2023年 月	日	凭证字号	摘要	贷方 千	百	十	万	千	百	十	元	角	分	(贷)方金额分析 材料销售	租赁收入				
11			承前页				2	8	3	9	0	0	0	25 100	3 290				
	30	转29	结转收入至本年利润账户				2	8	3	9	0	0	0	25 100	3 290				
	30		本年累计			1	5	6	0	0	0	0	0	121 000	35 000				
12																			

营业外收入　　明细账

二级科目编号及名称　　　　　　　　　　总第　　页　分第　　页

2023年 月	日	凭证字号	摘要	贷方 千	百	十	万	千	百	十	元	角	分	(贷)方金额分析 债务收入	罚没收入	盘盈利得	捐赠利得		
11			承前页				1	9	6	3	4	0	0	9 500	750	3 184	6 200		
	30	转29	结转收入至本年利润账户				1	9	6	3	4	0	0	9 500	750	3 184	6 200		
	30		本年累计				3	3	3	0	0	0	0	19 200	1 760	6 140	6 200		
12																			

主营业务成本明细账

二级科目编号及名称　　　　　　　　总第　　页　分第　　页

2023年		凭证字号	摘要	借方											（借）方金额分析				
月	日			亿	千	百	十	万	千	百	十	元	角	分	装饰饼干	蛋圆饼干			
11			承前页			2	2	7	3	0	0	0	0	0	1 409 000	864 000			
	30	转 30	结转费用至本年利润账户			2	2	7	3	0	0	0	0	0	1 409 000	864 000			
	30		本年累计		2	0	4	6	0	0	0	0	0	0	12 684 000	7 776 000			
12																			

其他业务成本明细账

二级科目编号及名称　　　　　　　　总第　　页　分第　　页

2023年		凭证字号	摘要	借方											（借）方金额分析				
月	日			亿	千	百	十	万	千	百	十	元	角	分	材料销售	资产租赁			
11			承前页					1	5	1	0	0	0	0	12 900	2 200			
	30	转 30	结转费用至本年利润账户					1	5	1	0	0	0	0	12 900	2 200			
	30		本年累计				1	3	6	0	0	0	0	0	114 000	22 000			
12																			

税金及附加　　明细账

二级科目编号及名称　　　　　　总第　　页　分第　　页

2023年 月	日	凭证字号	摘要	借方 千	百	十	万	千	百	十	元	角	分	（借）方金额分析 城市维护建设税	教育费附加	地方教育附加	印花税	
11			承前页				3	7	0	1	0	0	0	21 560	9 240	6 160	50	
	30	转30	结转费用至本年利润账户				3	3	9	3	0	0	0	21 560	9 240	6 160	50	
	30		本年累计			3	7	1	6	5	0	0	0	216 650	92 850	61 900	250	
12																		

销售费用 明细账

二级科目编号及名称

总第 页 分第 页

2023 年		凭证字号	摘要	借方										（借）方金额分析					
月	日			千	百	十	万	千	百	十	元	角	分	办公费	广告费	运输费	工薪费	折旧费	
11			**承前页**			1	7	2	1	6	0	0	0	2 840	87 600	14 520	41 100	26 100	
	30	转 30	结转费用至本年利润账户			1	7	2	1	6	0	0	0	2 840	87 600	14 520	41 100	26 100	
	30		**本年累计**		2	1	4	5	0	0	0	0	0	25 600	789 000	366 000	729 600	234 800	
12																			

管理费用明细账

二级科目编号及名称　　　　总第　　页　分第　　页

2023年		凭证字号	摘要	借方										(借)方金额分析					
月	日			千	百	十	万	千	百	十	元	角	分	差旅费	修理费	工薪费	水电费	折旧费	无形资产摊销
11			承前页			2	8	5	7	7	0	0	0	13 100	54 700	138 100	10 260	63 100	6 510
	30	转30	结转费用至本年利润账户			2	8	5	7	7	0	0	0	13 100	54 700	138 100	10 260	63 100	6 510
	30		本年累计		2	5	7	2	6	0	0	0	0	118 400	492 600	1 242 600	92 400	568 000	58 600
12																			

财务费用　　　　明细账

二级科目编号及名称　　　　　　　　　　　　　　　　总第　　　页　分第　　　页

2023		凭证字号	摘要	借方										（借）方金额分析					
月	日			千	百	十	万	千	百	十	元	角	分	工本费	利息收入	利息支出	手续费		
11			**承前页**				1	2	6	0	4	0	0	72	—	12 380	152		
	30	转 30	结转费用至本年利润账户				1	2	6	0	4	0	0	72	—	12 380	152		
	30		**本年累计**			1	1	9	9	0	0	0	0	650	21 200	138 506	1 944		
12																			

信用减值损失　　明细账

二级科目编号及名称 ______　　总第　　页　分第　　页

2023 年		凭证	摘要	借方										(借)方金额分析					
月	日	字号		千	百	十	万	千	百	十	元	角	分	坏账损失					

营业外支出　　明细账

二级科目编号及名称 ______　　总第　　页　分第　　页

2023 年		凭证	摘要	借方										(借)方金额分析					
月	日	字号		千	百	十	万	千	百	十	元	角	分	捐赠支出	罚没支出	非常损失	盘亏损失		
11			承前页				2	3	3	8	0	0	0	8 620	960	13 800			
	30	转 30	结转费用至本年利润账户				2	3	3	8	0	0	0	8 620	960	13 800			
	30		本年累计			2	0	7	6	5	0	0	0	74 650	8 670	76 130	48 200		
12	19	付 15	向红十字会捐款			1	1	8	5	6	0	0	0	118 560					
	31	转 31	结转费用至本年利润账户			1	1	8	5	6	0	0	0	118 560					
			本年累计			3	2	6	2	1	0	0	0	193 210	8 670	76 130	48 200		

明细账

二级科目编号及名称 ………………　　　　总第　　页　分第　　页

年		凭证		摘要	对方科目	借方金额											贷方金额											借或贷	余额											✓
月	日	种类	号数			亿	千	百	十	万	千	百	十	元	角	分	亿	千	百	十	万	千	百	十	元	角	分		亿	千	百	十	万	千	百	十	元	角	分	

明细账

二级科目编号及名称 ………………　　　　总第　　页　分第　　页

年		凭证		摘要	对方科目	借方金额											贷方金额											借或贷	余额											✓
月	日	种类	号数			亿	千	百	十	万	千	百	十	元	角	分	亿	千	百	十	万	千	百	十	元	角	分		亿	千	百	十	万	千	百	十	元	角	分	

所得税费用——所得税费用　　明细账

二级科目编号及名称　　　　　　　　　　　　　　　　　　　总第　　页　分第　　页

2023年 月	日	凭证字号	摘要	对方科目	借方金额	贷方金额	借或贷	余额	✓
11	30		承前页		1450000		平	1450000	
11	30	转32	结转所得税费用至本年利润			1450000			
			本月合计		1450000	1450000	平	0	
			本年累计		13550000	13550000	平	0	
12									

订

装

单位名称	东海市童莉食品公司							
账簿名称	明细账							
所属年度	年度		装订册次		第 册（共 册）			
起讫页码	自 第 页至第 页（共 页）							
经管人员	单位主管		财会主管		记账		装订	
	姓名	盖章	姓名	盖章	姓名	盖章	姓名	盖章
备注								

东海市童莉食品公司

甲式账登记方法

乙式账登记方法

多栏式明细账登记

结算类明细账结账方法

损益类明细账的结账方法

会计档案	自 年 月 日至 年 月 日止			
	册内共 页（张） 保管期限			
	全宗号	目录号		案卷号	

目　录

明细账封底

内部控制缺失，蚂蚁搬家挪用公款 600 万元

装 订

东海市童莉食品公司

日 记 账

东海市童莉食品公司

（库存现金、银行存款）

现金日记账
的登记方法

银行存款日记账
结账方法

会计记账小写
金额书写规范

划线更正法

红字更正法 1

红字更正法 2

补充登记法

2023 年度

账簿启用及接交表

单位名称	
账簿名称	（第　　册）
账簿编号	
账簿页数	本账簿共计　　页（本账簿页数 检点人盖章　　）
启用日期	公元　　年　　月　　日

东海市童莉食品公司

经管人员	单位主管		财务主管		复核		记账	
	姓名	盖章	姓名	盖章	姓名	盖章	姓名	盖章

接交记录	经管人员		接管				交出			
	职别	姓名	年	月	日	盖章	年	月	日	盖章

备注										

日记账封底

会计论道

薪酬差别——会计工作要用心去做

两个同龄的年轻人同时受雇于一家店铺，并且拿同样的薪水。可是一段时间后，叫阿诺德的小伙子青云直上，而叫布鲁诺的小伙子却仍在原地踏步。布鲁诺很不满意老板对他的不公正待遇。终于有一天他到老板那儿发牢骚了。老板一边耐心地听他的抱怨，一边在心里盘算着怎样向他解释他和阿诺德之间的差别。"布鲁诺先生"，老板开口说话了，"您现在到集市上去一下，看看今天早上有什么卖的。"布鲁诺从集市上回来向老板汇报说，一个农民拉了一车土豆在卖。"有多少?"老板问。布鲁诺赶快又跑到集上，然后回来告诉老板一共40袋土豆。"价格是多少?"布鲁诺第三次跑到集上问来了价格。"好吧"，老板对他说，"现在请您坐到这把椅子上一句话也不要说，看看别人怎么说。"于是，老板把阿诺德叫来同样要他到集市上看看早上有什么卖的。阿诺德很快就从集市上回来了，向老板汇报说到现在为止只有一个农民在卖土豆，一共40袋，价格是多少；土豆质量很不错，他带回来一个让老板看看。阿诺德又说，这个农民一个钟头以后还会弄几箱西红柿到集市上卖，据他看价格非常公道。昨天他们铺子的西红柿卖得很快，库存已经不多了。阿诺德想这么便宜的西红柿老板肯定会要买一些的，因此，他不仅带回了一个西红柿做样品，而且把那个农民也带来了，他现在正在外面等回话呢。此时老板转向了布鲁诺，说："现在您肯定知道为什么阿诺德的薪水比您高了吧?"

教授寄语：简单的事重复做就是专家，重复做的事用心做就是赢家，同样的小事，有心人做出大学问，不动脑子的人只会来回跑腿而已。别人对待你的态度，就是你做事情结果的反映，像一面镜子准确无误，你如何做的，它就如何反射回来。

中联重科收购迷局，关联交易业绩诡异

装　订

单位名称	东海市童莉食品公司			
账簿名称	总账			
所属年度	年度	装订册次	第　　册（共　　册）	
起讫页码	自　　第　　页至第　　页（共　　页）			

东海市童莉食品公司

经管人员	单位主管		财会主管		记　账		装　订	
	姓名	盖章	姓名	盖章	姓名	盖章	姓名	盖章
备注								

总分类账的登记
——逐笔登记法

总分类账的登记
——汇总登记法

总分类账
结账方法

会计档案	自　　年　　月　　日至　　年　　月　　日止		
	册内共　　页（张）　　保管期限		
	全宗号：	目录号：	案卷号：

目　录

总账封底

粉饰报表伪造单据,华锐风电“吃”顶格罚单

装　订

东海市童莉食品公司

会　计　报　表

（资产负债表、利润表）

东海市童莉食品公司

2023 年度

会计报表封底

会计论道

自己建造的房子——会计工作要善始善终

有个老木匠准备退休。他告诉老板，说要离开建筑行业，回家与妻子儿女享受天伦之乐。老板舍不得做得一手好活计的木匠走，再三挽留，木匠决心已下不为所动。老板只得答应，但问他是否可以帮忙再建一座房子，老木匠答应了。在盖房过程中，大家都看出来，老木匠的心已不在工作上了。用料也不那么严格，做出的活计也全无往日水准。老板并没有说什么，只是在房子建好后，把钥匙交给了老木匠。"这是你的房子。"老板说，"我送给你的礼物。"老木匠楞住了。他的后悔与羞愧大家也都看出来了。他这一生盖了多少好房子，最后却为自己建了这样一幢粗制滥造的房子。

教授寄语：其实我们每时每刻都在为自己建造着生命的归宿，今天的任何一个不负责任的后果，都会在以后的某个地方等着你。

谎言连环套中套，物流账单露出马脚

东海市童莉食品公司

记 账 凭 证 封 面

自　　年　　月　　日至　　年　　月　　日

第	册
共	册

凭证名称	凭证起讫号码		凭证张数	附件张数	备注
	自	至			

会计档案	全宗号	目录号	案卷号	保管年限

财会主管　　　装订

抽出凭证记录

抽出日期			抽出凭证名称	抽出原因	抽出人签字	经管人签字	归还日期			收件人
年	月	日					年	月	日	

东海市童莉食品公司

记 账 凭 证 封 面

第 册
共 册

自 年 月 日至 年 月 日

凭证名称	凭证起讫号码		凭证张数	附件张数	备注
	自	至			

会计档案	全宗号	目录号	案卷号	保管年限

财会主管 装订

抽出凭证记录

抽出日期			抽出凭证名称	抽出原因	抽出人签字	经管人签字	归还日期			收件人
年	月	日					年	月	日	

东海市童莉食品公司

记　账　凭　证　封　面

第	册
共	册

自　　年　　月　　日至　　年　　月　　日

凭证名称	凭证起讫号码		凭证张数	附件张数	备注
	自	至			

会计档案	全宗号	目录号	案卷号	保管年限

财会主管　　　　装订

抽出凭证记录

抽出日期			抽出凭证名称	抽出原因	抽出人签字	经管人签字	归还日期			收件人
年	月	日					年	月	日	

年 月 第 号至第 号 第 册 共 册

年 月 第 号至第 号 第 册 共 册

沿虚线(打孔线)裁下成两个十字包角

沿虚线(打孔线)裁下成两个十字包角

包角使用说明：

该面朝上，与凭证左上角对齐，在红点处打孔，穿线并结紧后，沿折叠线往上折，将角的两翼往后折并用胶水粘紧。

穿孔

折叠线

包角使用说明：

该面朝上，与凭证左上角对齐，在红点处打孔，穿线并结紧后，沿折叠线往上折，将角的两翼往后折并用胶水粘紧。

穿孔

折叠线

包角使用说明：

该面朝上，与凭证左上角对齐，在红点处打孔，穿线并结紧后，沿折叠线往上折，将角的两翼往后折并用胶水粘紧。

穿孔

折叠线

包角使用说明：

该面朝上，与凭证左上角对齐，在红点处打孔，穿线并结紧后，沿折叠线往上折，将角的两翼往后折并用胶水粘紧。

穿孔

折叠线